Saca al coach que llevas dentro

Manual para aprender Coaching y sacar tu Talento

SACA AL COACH QUE LLEVAS DENTRO

Manual para aprender Coaching y sacar tu Talento

MANUEL MATA

Saca al coach que llevas dentro

Manual para aprender Coaching y sacar tu Talento

por Manuel Mata

* * * * *

Publicado en CreateSpace
por Manuel Mata
http://tucoach.eu

1ª Edición: Mayo 2015
Saca al coach que llevas dentro

Copyright © 2015, Manuel Mata

ISBN: 151-2019631
ISBN-13: 978-151-201963-6

«Algo solo es imposible hasta que alguien lo dude y acabe probando lo contrario».

Albert Einstein

«La vida de cada hombre es un camino hacia sí mismo, el ensayo de un camino, el boceto de un sendero».

Hermann Hesse

«Hay mucho talento desaprovechado en el mundo por falta de constancia, y muchas personas que se esfuerzan en aquello para lo que no sirven».

Oscar Wilde

ÍNDICE

INTRODUCCIÓN

«Las personas exitosas son aquellas que se levantan y buscan las circunstancias adecuadas. Si no las encuentran, las crean».

George Bernard Shaw

En ocasiones las personas nos dejamos obnubilar por las circunstancias y todo lo que ello supone, sin ser capaces de ver más allá. Descubrir otra perspectiva es lo que nos enriquece y permite que encontremos soluciones a los problemas, o que vislumbremos opciones que no sabíamos que estaban ahí. En última instancia, el ser humano es capaz de ser grandioso y de crear su propio camino. En la exitosa película *«El club de los poetas muertos»*, el profesor Keating, encarnado por el actor Robin Williams, nos recuerda el poder de nuestros sueños para cambiar las cosas:

«Solo al soñar tenemos libertad, siempre fue así y siempre así será».

A través de esta lectura que estás a punto de comenzar, vas a poder conocer la poderosa disciplina que es el Coaching y cómo la puedes utilizar tanto para tu mejora personal como para ayudar a otros si así lo deseas. Aunque este texto no puede suplir una formación formal, sin duda, sí te será de utilidad para conocer el apasionante mundo del Coaching, saber en qué consiste, su funcionamiento, beneficios y cómo utilizarlo para tu crecimiento personal, o incluso el de otros también.

Este texto que tienes entre manos está basado en gran parte en el «*Curso Completo de Coaching*», que ofrezco en varias plataformas online. A su vez, algunos capítulos provienen de artículos que he publicado anteriormente, y que he adaptado más o menos para encajarlos aquí, al encontrar que eran relevantes y de utilidad. Y por último, y no menos importante, vas a encontrar algunos casos de clientes de mis sesiones de Coaching, como ejemplos de cómo funciona y qué se puede conseguir a través de esta disciplina.

El Coaching es tan útil porque te empodera y facilita el **cambio**, acompañándote para sacar tu potencial como forma de superación. Hay un talento en ti que puede marcar la diferencia en tu vida, pero eso solo sucederá dependiendo de si lo utilizas o cómo lo utilizas. Tal y como señala Zig Ziglar:

«No es lo que tú tienes, sino cómo usas lo que tienes lo que marca la diferencia».

Ese talento que tienes lo puedes descubrir y potenciar con la ayuda de un coach, y eso es lo que puede marcar la diferencia en que vivas una vida mediocre o una vida de éxito. Y es que como sugiere Zig Ziglar, hay muchas personas con talento, pero no todas lo saben utilizar adecuadamente. Mediante el Coaching se consigue que una persona aprenda a utilizar los dones que tiene para lograr sus metas. Porque, ¿de qué te sirve tener talento si no lo utilizas? ¿Para qué ser una persona con un enorme potencial si nunca lo desarrollas? La persona con menos potencial puede superar a otra con mayor potencial, simplemente porque ha tomado la decisión de hacer algo con lo que tiene.

Incluso Honoré de Balzac pone en duda la importancia del talento de una persona si no hay algo más:

«No existe gran talento sin gran voluntad».

Es el talento entendido por los dones y características

especiales que nos hacen únicos. En cambio, si ampliamos esta concepción a entender el talento también como capacidad de movilizar los propios recursos o dones y hacer uso del potencial para lograr cosas, entonces hablaríamos del «**Talento**» con mayúsculas.

Es el célebre Jacinto Benavente quien se refiere a esta grandeza del «Talento» en mayúsculas concebido como potencial para hacer posible una vida de éxito:

«Muchos creen que tener talento es una suerte; nadie que la suerte pueda ser cuestión de tener talento».

Te invito a aprender Coaching con esta lectura, a la vez que te beneficies de él. El ejercicio que te propongo es que para cada apartado reflexiones sobre qué te ha llegado, en qué te puedes identificar, cómo crees que eso que has aprendido puede servirte en tu vida personal o/y profesional, etc. Esta parte práctica es la que te puede ayudar a mejorar tu vida y hacer posible algún cambio si así lo deseas. Espero que logre impactarte la experiencia, sirva para ponerte en marcha, derribar obstáculos, o tomar consciencia de nuevas opciones en tu vida.

Finalmente, este libro tiene la intención de servir como un instrumento para todo aquel que desee saber qué hace exactamente un coach, qué habilidades tiene o debe desarrollar y qué herramientas utiliza en los procesos de coaching. En definitiva, se trata de saber qué hace coach a un coach, o lo que es lo mismo, cómo saber si alguien realmente es un coach o es otra cosa. Comprender la diferencia te va a servir tanto como posible «coachee» (o cliente del proceso de coaching) como en el caso de que desees introducirte en la profesión, o utilizar la filosofía y metodología del Coaching en tu vida personal o tu trabajo. Al final de la lectura, también encontrarás un apartado con los errores que es conveniente evitar como coach, para que no impidan el progreso del cliente. Además, hay una serie de pautas de ayuda para que puestas al servicio del coach apropiadamente, pueda tener más posibilidades de éxito en su proyecto.

Es tu responsabilidad hacer buen uso de toda esta información y decidir qué hacer con ella para cambiar tu vida o contribuir a cambiar la de otros. Si te sirve para encontrar al coach que llevas dentro, ya habrá cumplido su función. Únicamente tú puedes hacer que este libro sea algo más que una lectura, y convertirlo realmente en un medio para sacar tu talento, y con ello llegar a ser esa mejor versión de ti mismo/a:

«Somos lo que hacemos, y sobre todo, lo que hacemos para cambiar lo que somos...»

- Eduardo Galeano

1

INTRODUCCIÓN AL COACHING

El Coaching está de moda, pero es más que una moda

«Quien quiera enseñarnos la verdad que no nos la diga. Que nos sitúe de tal modo que la podamos descubrir nosotros mismos».

José Ortega y Gasset

El Coaching está de moda, pero es más que una moda. Tiene por delante un gran reto por lo que se refiere a mostrar los beneficios y utilidad que reporta a las personas en su desarrollo personal; así como en reducir el intrusismo, a base de informar y hacer pedagogía del Coaching a la sociedad.

Actualmente vivimos inmersos en una fuerte crisis de desconfianza en la cual es difícil distinguir lo que es auténtico de lo que no, y en el caso del Coaching es en mayor medida; ya que, por lo menos en España (no así en Estados Unidos, Reino Unido, etc, donde lleva varias décadas implantado) es una profesión que hasta hace poco no era muy conocida, y en todo caso se situaba en el ámbito de la empresa y los Recursos Humanos.

En el Coaching, hoy en día es complicado distinguir quién practica de verdad «Coaching» y quién le llama Coaching a lo que es otra cosa. La causa principal es el **intrusismo** enorme que ha surgido alrededor de esta profesión. Algunos afirman que adolece de regulación, y esa podría ser otra causa del intrusismo en la profesión. Al menos se debería requerir una formación específica mínima en el «Proceso de Coaching» para que un profesional pudiera ofrecer sus servicios bajo la denominación de «coach».

Por lo tanto, es normal que algunas personas hayan pasado por experiencias no satisfactorias si han contratado un denominado «servicio de coaching» que en realidad solo tenía el nombre. Es cierto que la moda del Coaching está siendo aprovechada por muchas personas que se autodenominan «coaches» y agencias que ofrecen servicios de coaching, que si investigas bien, resulta que no lo son.

Ahora bien, el Coaching es más que una moda. Lo fundamental es elegir bien a tu coach, que debe tener una formación específica en Coaching en una escuela reconocida. Pero además es importante también encontrar referencias de ese coach que avale su profesionalidad. El Coaching es una profesión tan respetable como cualquier otra, y ya sabemos que en todas las profesiones hay personas que no tienen ética profesional y otras que son simplemente un fraude.

Por otra parte, los servicios de coaching son de pago, ya que se realiza un trabajo, a pesar de que algunos aún no lo consideran como tal y creen que es ayudar, colaborar, ser un amigo o confidente, o como mucho verlo como una especie de psicólogo con el que charlar. Sin embargo, hay que insistir en decir que es una profesión y que se ofrece un servicio. La persona que se dedica al Coaching invierto dinero en su formación y preparación, así como su tiempo en hacer eso y no otro trabajo. Tanto la peluquera, el abogado, el mecánico, la telefonista, el camionero, la ejecutiva, etc., merecen una recompensa por su labor como la pueda merecer un coach, psicólogo, médico, dentista, administrativa, etc.

En realidad, la cuestión no es si un coach debe cobrar o no, por supuesto que sí, o en caso contrario estaría restando valor a la profesión, como no se discute en otras profesiones consolidadas, sino más bien de percibir la utilidad y los beneficios del Coaching. Para ello necesitamos aprender primero a diferenciar lo falso y fraudulento de lo que es auténtico y aporta valor.

Sin duda, el Coaching y los coaches tenemos un gran reto por delante en cuanto a ser didácticos y mostrar los beneficios del Coaching a la sociedad, para que se distinga de lo que no es Coaching. Pienso que este manual es también una contribución en ese sentido.

Además, la divulgación debe servir para que el cliente que contrata estos servicios, conozca bien su utilidad, basada primordialmente en el desarrollo personal, sacar el potencial de las personas y favorecer su talento para crear la vida que desean, siempre desde la máxima que es el cliente quien aprende de sí mismo/a. Siguiendo esta línea de pensamiento encontramos a Lord Byron:

«Cuando el hombre cesa de crear, deja de existir».

¿Qué es realmente el Coaching?

«Muchas personas ven las cosas tal como son y se preguntan ¿Por qué? Yo las veo como pueden ser, y me pregunto ¿Por qué no?»

Robert Kennedy

El Coaching se basa en conversaciones inspiradoras en las que un coach hace las preguntas adecuadas para que un cliente o coachee tome consciencia y consiga la energía y motivación para actuar, tomando las riendas de su vida y dándose la oportunidad de creer en sus metas. Se trata de dejar de esperar el momento perfecto para actuar y hacerlo YA, porque raramente se cumplen las condiciones perfectas para empezar y hacer algo.

El Coaching es el arte que ofrece a las personas la posibilidad de disfrutar plenamente de su vida, mediante el conocimiento de sí mismas y la consecución de sus objetivos.

Según la ICF o International Coach Federation:

«El Coaching profesional consiste en una relación profesional continuada que ayuda a obtener resultados extraordinarios en la vida, profesión, empresa o negocios de las personas. Mediante el proceso de coaching, el cliente profundiza en su conocimiento, aumenta su rendimiento y mejora su calidad de vida».

Se atribuyen dos significados a la palabra «coach», entrenador y carruaje. La función del carruaje es llevar a las personas del lugar en el que están al lugar en el que quieren estar. Precisamente, el Coaching es el proceso a través del cual las personas recorren ese camino que existe entre el estado actual y el estado deseado.

Durante las diferentes etapas de nuestra vida, nos vemos abocados a pasar por grandes cambios. En un proceso de coaching, el coach acompaña en el diseño del futuro, sin que el pasado limite el desarrollo personal. Se dice que un coach no ve a las personas como son, sino como pueden llegar a ser. El coach es capaz de ver las posibilidades que cada persona tiene a partir de las cosas que dice, de las emociones que trasmite y de la corporalidad con la que se muestra a los demás. Trabajando en todas ellas, el Coaching puede incrementar su mundo de posibilidades, permitiendo al cliente atravesar las dificultades encontradas en el camino.

El Coaching es el arte de trabajar con las personas para que ellas obtengan resultados fuera de lo común, lo que se dice resultados extraordinarios, y mejoren su desempeño en la vida y/o en el trabajo.

A continuación vamos a tratar 3 aspectos fundamentales del Coaching:

1. ¿Cuáles son los resultados del Coaching?

El Coaching es un proceso que induce a la transformación personal de los individuos, y no asegura resultados. Quien contrata a un coach paga por un servicio que es el proceso de coaching, en el cual se ofrece la posibilidad al coachee de conocerse mejor, tomar consciencia de sus fortalezas y de su forma de interaccionar con el entorno, detectar las barreras que lo están autolimitando y poder superarlas, diseñar estrategias y planes de acción, e incluso conseguir apoyo emocional.

El Coaching no es consultoría o asesoría, y los resultados son la consecuencia de que el compromiso del coachee con el proceso se acabe traduciendo en acciones que finalmente lleven a la consecución de los objetivos marcados. Así pues, lo importante es el proceso y la orientación al desarrollo personal para sacar el potencial de uno, y así es posible que se obtengan resultados satisfactorios.

Aunque en un capítulo posterior veremos los beneficios del Coaching, un adelanto de estos beneficios serían:

-Identificar tus objetivos mediante el descubrimiento de tus valores.

-Alinear esos objetivos con tus valores más profundos, para maximizar las posibilidades de éxito.

-Esclarecer tus ideas, tus metas, tu visión de ti mismo y tu misión en la vida.

-Crear equilibrio en los diferentes ámbitos de tu vida, como conciliar vida personal y vida profesional, por ejemplo.

-Descubrir qué es lo que verdaderamente deseas de tu profesión.

-Descubrir y aprovechar tus talentos y desarrollar habilidades, minimizando tus debilidades.

-Superar miedos, barreras y bloqueos.

-Dar un giro en tu profesión o actividad, reorientar tu carrera, pasar por una transición laboral.

-Poner en marcha o emprender tu propio negocio.

-Afrontar retos, adquirir motivación y encontrar apoyo.

-Adquirir más confianza en ti mismo a la hora de emprender un nuevo proyecto.

-Gestionar mejor tus emociones y situaciones de cambio.

-Organizarte mejor y optimizar tu gestión del tiempo.

-Mejorar tu desempeño en el trabajo, siendo más productivo, reducir el estrés, desarrollar competencias, etc.

-Mejorar tu comunicación interpersonal y tus relaciones

etc.

2. ¿El Coaching se ocupa de desarrollar habilidades?

Aunque un coach puede también ejercer como formador en habilidades si tiene esa capacidad y conocimientos, el Coaching no tiene como función formar a un profesional para que adquiera habilidades.

La función del Coaching está enfocada en gestionar el cambio personal a través del cual una persona descubre el sentido de su vida, su vocación o/y qué deseos y pasiones subyacen en su interior. Con el Coaching se diseña un nuevo modo de vida alineado con los valores y aspiraciones del coachee. El coach es un **facilitador** en el proceso por el que el cliente detecta las creencias que le están impidiendo conseguir lo que quiere y utilizar las habilidades que ya conoce, pero que no es capaz de desarrollar y utilizar adecuadamente.

3. ¿El Coaching es como la Terapia?

El Coaching y la Terapia comparten similitudes importantes ya que se basan en mejorar el bienestar de las personas y contribuir al desarrollo personal de las mismas. Ahora bien, hay diferencias también de gran calado, por lo que no conviene confundirlos.

La Terapia es practicada por profesionales de la Psicología o Psiquiatría, y se requiere un título específico para ejercer. Un coach no puede hacer diagnósticos de salud mental ni trabaja sobre los traumas del pasado de los individuos, a menos que se haya formado en Psicología y haya obtenido la titulación pertinente.

En el mismo sentido, un coach profesional es aquél que se ha formado en el proceso de coaching y ha obtenido una certificación específica en Coaching. Un psicólogo no puede ejercer de coach sin la debida formación que asegure que el cliente está recibiendo justamente por lo que paga. Son dos disciplinas distintas y el Coaching tiene su propio código ético que las asociaciones de coaches profesionales obligan a cumplir a sus miembros, con tal de ofrecer un estándar de calidad y seguridad a los clientes que contratan a uno de estos coaches. No obstante, se dice que el Coaching puede ser también terapéutico, y lo cierto es que es posible.

En conclusión, la novedad del Coaching en algunos países como España da lugar a cierta confusión sobre qué es y qué no es Coaching, que como hemos visto tiene sus rasgos propios y lo distinguen de la consultoría, la formación y la Terapia.

Los Orígenes del Coaching

El Coaching bebe de la **Psicología Humanista** y aunque se considera una metodología única, tiene muchos puntos en común con esta psicología. A mediados de los años ochenta, cuando la Psicología Humanista entra en declive, empieza a gestarse el Coaching tal como lo conocemos en la actualidad. Sin embargo, muchos años atrás filósofos tan destacados como Aristóteles, Sócrates y Platón se consideran precursores del Coaching que conocemos hoy día.

- *El Coaching y la Psicología Humanista*

El Coaching hace suyos conceptos de la Psicología Humanista tales como: conciencia, libertad, voluntad, autorrealización, y liberación del potencial. Se coincide en reconocer que cada persona es diferente y se centra en el cliente. La función de la Psicología y el Coaching es ayudar a hacer consciente lo que el cliente sabe, y facilitar de esa forma que sea libre de elegir.

La influencia de la jerarquía de las necesidades de Abraham Maslow tiene un impacto sobre la Psicología Humanista, así como Carl Rogers con su concepto del hombre como arquitecto de su propio destino. También se considera que Eric Berne, su Análisis Transaccional y su idea del guión de vida entrarían dentro de la Psicología Humanista.

La Autoestima y el darse valor a uno mismo por ser persona es un concepto clave de la Psicología Humanista. De hecho, se concibe a la persona como el eje central de la terapia psicológica, y tratar el autoconcepto por medio del autoconocimiento confrontado con los ideales conforma un método para traer consciencia y ayudar al individuo a conocerse mejor y adquirir una mejor autoimagen de sí mismo.

«La curiosa paradoja es que cuando me acepto tal cual soy, entonces, puedo cambiar». - Carl Rogers

A continuación vamos a ver los orígenes más antiguos del Coaching.

- *El Coaching de Aristóteles*

Es sabido que Aristóteles fue el maestro de Alejandro Magno, y que precisamente su magnificencia pudo realizarse gracias a ser guiado por tan gran coach. El potencial que tenía Alejandro era importante, pero probablemente no habría sido explotado si su maestro hubiera sido otro con menos competencias de coach.

De Aristóteles viene que una persona puede ser lo que desee ser y si se lo propone y pone acción en ello lo puede lograr. Su metodología se enfoca en la acción, y ello encaja perfectamente con la filosofía del Coaching moderno.

«Somos lo que repetidamente hacemos. La excelencia, entonces, no es un acto sino un hábito». - Aristóteles

Aristóteles supo reconocer el potencial de Alejandro y convertirlo en talento para triunfar en sus hazañas. Se cuenta que Alejandro supo dar valor a la amistad y rodearse de amigos que lo apoyaban, y ello favoreció su causa. Además, Alejandro es reconocido por ser un buen líder ya que supo conducir a su ejército en misiones realmente difíciles y complejas.

Como buen coach, Aristóteles supo despertar la grandeza de Alejandro desde su infancia para que siendo mayor estuviera preparado para alcanzar sus sueños. Y sin duda, Alejandro consiguió cumplir sus objetivos. Murió poco antes de cumplir los 33 años, habiendo dominado el 90% del territorio conocido.

- *El Coaching de Sócrates y Platón. Los antecesores de Aristóteles*

Sócrates es una figura muy referenciada para hablar del Coaching. A él se le atribuye el Arte de la Mayéutica para que cada uno encuentre su verdad, y esta le sirva para hacer de su vida algo importante. Además es el cliente quien aprende y no es el coach quien le enseña.

La fuerza del Coaching estriba precisamente en que una persona aprenda de lo que tiene en su interior, porque el coach reconoce que quien mejor puede saber de uno mismo y lo que quiere es el propio cliente. El primer paso es reconocer que no lo sabemos todo:

«La verdadera sabiduría está en reconocer la propia ignorancia». - Sócrates

Mediante preguntas relevantes, el maestro daba soporte al discípulo para que él mismo sacara fuera lo que ya tenía dentro, y con ello podía aprender lo que necesitaba para motivarse y pasar a la acción.

La influencia de Platón es evidente a través de sus diálogos, cuya estructura conforma la forma antigua de las sesiones de Coaching, cuyos pilares eran, como son también ahora, la escucha activa y las *preguntas poderosas*.

Las *preguntas poderosas* son el eje para el autoconocimiento del cliente, quien descubre de sí mismo aquello que le permite darse cuenta de lo que quiere. Por lo tanto, no se trata de guiar al cliente hacia ningún lado sino que sea él quien se conozca mejor y decida hacia dónde quiere ir en su vida.

«El hombre inteligente habla con autoridad cuando dirige su propia vida». - Platón

Al final, el coach no es ni más ni menos que el acompañante en el proceso de cambio del cliente, el espejo donde se refleja y obtiene respuestas, el que lo «despierta» y así abre los ojos a una nueva perspectiva u opción de vida, etc.

¿El Coaching es Motivación?

«El futuro pertenece a los que creen en la belleza de sus sueños».

Eleanor Roosevelt

La oportunidad que nos ofrece el coach de ver diferentes perspectivas crea con frecuencia el entusiasmo necesario para darse cuenta de que realmente las cosas pueden ser diferentes. Con ello es posible automotivarse y luchar por lo que uno descubre que desea fervientemente.

La motivación es muy importante en un proceso de Coaching. Diría que es imprescindible para que se obtenga el éxito. Nadie puede motivar a otra persona si esta no quiere, pero sí que podemos influir y ayudar a otra persona a que logre automotivarse si está predispuesta favorablemente a ello, y eso es lo que debemos hacer como coaches con nuestros clientes. Uno de mis clientes vino a mí porque necesitaba ese empuje y motivación para hacer lo que él sabía que tenía que hacer. Básicamente, era alguien suficientemente inteligente y preparado para lograr lo que quería, pero tener la conversación conmigo le sirvió para encontrar la energía para hacerlo más fácilmente que si lo hubiera hecho solo. En realidad, solo necesitó tres sesiones para conseguir el resultado que deseaba, que era un cambio de trabajo.

Fiona Harrold, en *Coaching en 10 minutos* nos define la motivación:

«Es el motor, la sala central de tus deseos, tus sueños y tus ambiciones. Es el puente entre la pasión y la acción».

El error, por decirlo de alguna manera, y bajo mi punto de vista, es que los coaches nos queramos auto-limitar demasiado en lo que podemos ofrecer. De esta misma forma lo expresé en una discusión en un grupo de *Facebook* sobre Coaching. Aunque nuestra tarea de coaches no es esencialmente la ayuda, o aconsejar, o motivar en el sentido de dar solo ánimos, también es cierto que nuestros clientes se pueden beneficiar de la ayuda que les proporcionamos a veces en algunos aspectos, o a pesar de la no direccionalidad, en algún momento puede ser apropiada una sugerencia.

Asimismo, aunque nuestra tarea no es motivar, sí que queremos que las personas encuentren motivación y por ello las acompañamos para que lo logren por ellas mismas, pero sí es verdad que nos ocupamos de la motivación de los coachees, porque es fundamental para que se muevan y alcancen sus metas. ¿Cómo si no podrían movilizar la energía para trabajar por sus sueños?

Las personas que dicen que están demasiado ocupadas para trabajar por lo que quieren, nunca obtendrán lo que desean. Esas personas no son clientes potenciales de un coach, porque tienen otras prioridades en su vida, como puede ser la comodidad y la huida del sufrimiento. Desde luego, que su inmovilismo no les servirá al final para evitar la incomodidad y el sufrimiento en sus vidas, pero esa ya será otra historia cuando les llegue. Hay personas que mientras no es urgente, no se mueven, y claro, en ocasiones ya es demasiado tarde. En general, son personas poco ambiciosas, con escasa capacidad de superación, falta de coraje, acomodaticias, y sin duda, sin automotivación para cambiar. Con este tipo de personas, no hay nada que hacer como coaches. Nunca podremos conseguir que estén motivadas por mejorar sus vidas si ellas no quieren.

La motivación es la clave para que las personas hagan algo para mejorar su situación. Únicamente nos movemos cuando estamos motivados, ya sea para evitar un dolor o para obtener un placer. Por lo tanto, la motivación del coachee debe estar siempre presente para que se obtengan resultados. Y no siempre podemos controlar que esté ahí, porque como venimos diciendo, en última instancia va a depender de la voluntad del coachee de estar o no automotivado por alcanzar sus metas. Aunque en cualquier caso, no hay que olvidar la importancia de una actitud motivada como indicó Winston Churchill:

«La actitud es algo pequeño que marca una gran diferencia».

¿Qué relación tiene el Coaching con el propósito de vida?

«El propósito de la vida es una vida de propósito».

Robin Sharma

Encontrar nuestro propósito de vida permite nuestra realización personal. Muy a menudo las urgencias del día a día nos ocupan tanto tiempo que hasta olvidamos cuál es nuestro sentido de vida, por lo que dejamos de enfocarnos en lo que de verdad nos importa. Por ello, conviene reflexionar sobre cuál es nuestro propósito de vida y marcarnos metas en función del mismo. También es útil distinguir lo que es un propósito de vida laboral de lo que es un propósito de vida social:

• *Propósito de Vida Laboral*

W. Clement Stone resume lo que implica tener un propósito de vida:

«Definición del propósito es el punto de partida de todo logro».

Cuando encuentras tu propósito de vida te sientes feliz haciendo lo que haces, sin sentirlo como una obligación. Es esencial que lo antes posible, en una temprana edad, contemos con una buena orientación profesional para elegir la carrera que mejor se adapte a nuestros intereses y fortalezas, así partimos con ventaja para obtener un logro.

Una vez que encuentres tu propósito de vida, tu vocación profesional, tu sentido de vida... tendrás que definir tu objetivo y los pasos a seguir. En este punto te puede ser de ayuda también el Coaching, tanto para mejorar el rendimiento académico como para acompañarte a formular tu objetivo profesional en función de tus talentos y pasiones.

Cualquier reto que merezca la pena en la vida puede hacerte dudar y causar cierto miedo por lo que pueda ocurrir. No te dejes superar por el miedo y supéralo tú a él.

- *Propósito de Vida Social*

Dar un lugar a nuestras relaciones familiares y amistades es también una parte fundamental de la realización personal. Así que hagamos un hueco en nuestra agenda para estar con nuestros seres queridos, apoyarse mutuamente y colaborar en lo posible para ayudar a nuestros amigos y familiares. Se trata de:

– Interesarnos por los demás.

– Escuchar sus necesidades.

– Demostrar nuestro afecto siendo respetuosos, amables y cordiales.

La mejor forma de ser felices es conjugando adecuadamente los aspectos personales y sociales con los de índole laboral. Si tenemos propósitos de vida de tipo social y de tipo laboral, podemos conseguir una mayor realización personal y plenitud vital. Muchas veces, necesitamos la ayuda de otros para conseguirlo, y si es tu caso, siempre podrás acudir a un coach en busca de orientación profesional, que te facilite ver nuevas perspectivas y te acompañe en el cambio y transformación personal. El coach es alguien que colabora contigo para encontrar estrategias, soluciones y definir planes de acción con el fin de alcanzar tus metas. Al fin y al cabo, lo que planeamos para nuestra vida según las decisiones que tomamos es lo que marca nuestra vida. Stephen Covey ya comenta que:

«Yo no soy un producto de mis circunstancias. Soy un producto de mis decisiones».

Un cliente no sabía cómo orientar su trayectoria profesional, ya que en sus anteriores trabajos no había tenido unas experiencias que según él fueran suficientemente positivas. El estrés le había afectado frecuentemente y estaba paralizado porque no sabía qué hacer: si cambiar de carrera o seguir en la misma. En ese momento estaba sin trabajo, y su problema no era el tema económico, sino cómo poner rumbo a su vida profesional. Era una persona realmente muy bien preparada y no tenía ningún problema para encontrar un trabajo, pero lo que deseaba era redirigir su vida a uno en que pudiera encontrar satisfacción y no frustración. En todo eso trabajamos. A veces el espejo que hago como coach para la toma de consciencia y el autoconocimiento a través de la escucha activa y las preguntas adecuadas, es justamente lo que necesita el cliente para aclarar sus ideas y poner nuevo rumbo a su vida.

¿Por qué estar de moda no es siempre positivo para la profesión?

«Siempre hay esperanza y oportunidad para cambiar porque siempre hay oportunidad para aprender».

Virginia Satir

El Coaching es más que una moda y también es una moda. Como veremos en este apartado, estar de moda no es necesariamente siempre positivo para el Coaching. Dar a conocer un término con connotaciones erróneas perjudica a los verdaderos coaches, y crea la falsa idea de que todo el mundo que asesora es coach, al asimilar Coaching con Asesoramiento. Coaching es acompañarte a construir tu mejor yo, facilitando que alcances tus metas, sacando tu potencial, no el mío para darte consejos.

Las bondades del Coaching son muchas, pero también tiene hoy en día un componente de moda, por lo cual me encuentro en ocasiones hablando con gente, y cuando se trata de presentarme y decir que me dedico al Coaching, que soy coach, experto en orientación de carrera profesional, desarrollo personal y mejora de la calidad de vida, frecuentemente algunas de esas personas me dicen que también son coaches. Y no es que sea casualidad que me junte siempre con coaches o que atraiga en mi vida a todos los coaches, sino que fácilmente se relaciona la disciplina del Coaching con «asesoramiento», tal y como se ha recogido además en el diccionario de la lengua española. Este uso común del término para referirse a «asesoramiento», tergiversa la realidad de la disciplina del Coaching, ya que no es el fin del mismo.

El Coaching consiste en un **acompañamiento** para lograr objetivos, a través del cual se facilita que una persona o coachee vaya más lejos que si estuviera sola. No es estrictamente asesoramiento, ya que no se trata de dar consejos, sino en ayudar a que el coachee encuentre su propia manera de resolver un asunto.

El intrusismo en la profesión del Coaching ha creado una desconfianza hacia los coaches, fundamentada en no saber distinguir cuando realmente es un coach formado, que aplica adecuadamente la metodología del Coaching, o cuando se trata de una persona que solo usa el término para venderse, sin tener formación y ni siquiera a veces una remota idea de la filosofía del Coaching.

A medida que el Coaching se vaya afianzando más y más en la sociedad y se difunda ampliamente en qué consiste realmente el

Coaching, dejará de haber lugar para los impostores, porque rápidamente cualquiera podrá detectar si una persona sabe de Coaching o no. En ese momento, que todavía está por llegar, ya no merecerá la pena tratar de engañar vendiéndose como coach, porque ese intento de confundir al otro para venderle lo que no es, únicamente tendrá consecuencias negativas.

No es así en la actualidad, porque lamentablemente sale rentable decir que uno es un coach cuando no lo es, en un momento en que la mayoría de la sociedad aún no comprende bien qué es el Coaching. En cambio, ahora son los verdaderos coaches los que frecuentemente dejan de llamarse a sí mismos coaches, o se lo piensan antes de presentarse como coaches, con el temor de que se les confunda con «charlatanes», «mentirosos», etc.

La divulgación del Coaching es la solución más idónea para acabar con el intrusismo y poner la profesión en su justo lugar. Es posible que una adecuada regulación de la profesión ayudase también. Cada vez soy más de la opinión de que programas de televisión que utilizan la palabra «coach» para vender perjudican más que ayudan a la profesión, porque estar de moda no es necesariamente positivo. Es más fácil explicar a alguien lo que es algo cuando no tiene ninguna idea preconcebida, que hacerle cambiar de parecer. Es por este motivo que lo que toca a los coaches es enseñar a desaprender esta concepción del Coaching como Asesoramiento, y de esta manera ayudar a la sociedad a aprender lo qué es realmente el Coaching.

En la actualidad predomina la creencia de que cualquiera que asesora en algo es un coach, y eso, los que nos dedicamos a ello o sabemos de qué va el Coaching, sabemos que no es cierto, en absoluto. Y me pregunto:

¿Cuánto tiempo tardaremos en cambiar esta creencia generalizada de la sociedad?

Seguramente que será directamente proporcional al empeño, voluntad, esfuerzo, perseverancia y paciencia que le pongamos más y más personas para explicar con calma a la sociedad lo que el Coaching es, lo que no es, qué aporta, en qué no te puede ayudar y en qué sí, cómo funciona, qué beneficios puede tener a corto y a largo plazo, etc.

¿En qué es diferente el Coaching a otras disciplinas?

«Todos somos muy ignorantes. Lo que ocurre es que no todos ignoramos las mismas cosas».

Albert Einstein

La novedad del Coaching como disciplina moderna para el empoderamiento de las personas, equipos y organizaciones ha causado una gran confusión general, sobre todo en países con poco recorrido como es el caso de los países latinos, donde está en fase de desarrollo todavía, con las ventajas y desventajas que eso supone. Es por ello que conviene distinguir claramente qué hace un coach y qué hacen otros profesionales. Veamos:

1. Un coach no es un mentor: Un mentor, basándose en su experiencia y sus conocimientos, responde la pregunta y sabe qué es lo que va a funcionar y qué no para solucionar un problema o mejorar una *performance* de quien lo solicita.

2. Un coach no es un maestro que enseña la mejor técnica para lograr un objetivo. El coach formula preguntas y acompaña a las personas a descubrir sus propias respuestas sin copiar las del maestro.

3. Un coach no es un consultor, ya que no da a su cliente un asesoramiento de experto en un campo determinado. El coach trabaja a través de diálogos relevantes, y se centra en la persona.

4. El coach no es un counselor, ya que no se basa en un discurso o método psicológico para encontrar la causa de una falta de actuación, ni se pone el foco en los sentimientos.

5. El coach no es un entrenador deportivo, ya que su actividad no está basada en la relación ganar/perder propia de las competencias deportivas, sino en la relación ganar/ganar.

6. El coach no es un terapeuta, ya que no mira hacia el pasado del cliente para averiguar por qué está cómo está y dónde está. Solo mira desde el presente hacia el futuro. Además, la personalidad del sujeto no es determinante para el coach, sino un dato más, mientras que para el terapeuta la personalidad y rasgos del paciente constituyen el centro del tratamiento. En cambio, el coach se enfoca en la acción, en que el cliente tome sus decisiones y emprenda acciones para conseguir sus objetivos.

Un coach puede ser también un consultor, un mentor, un terapeuta, etc., pero lo fundamental es saber que son cosas distintas. Personalmente no estoy en contra de que se puedan combinar y ofrecer un valor añadido al cliente, pero en ese caso hay que saber cómo hacerlo de forma apropiada y explicando al cliente qué se le está ofreciendo en cada etapa.

Los coaches que apropiadamente utilizan la metodología del Coaching no tratan de dar respuestas a todas las preguntas que el cliente o coachee les hace. Esa tarea es de los consultores, y por lo tanto, no es la misión del coach, a menos que evidentemente ofrezca también ese servicio de Consultoría como un valor añadido más, si es que tiene la maestría y conocimientos para hacerlo. Aunar el Coaching y la Consultoría es posible, pero hay que diferenciarlas, ya que no son lo mismo.

Por otro lado, un coach no trata problemas del pasado del

coachee, ni sus trastornos psicológicos, ya que no es su labor, sino que corresponde a los psicólogos y terapeutas preparados para ello. Al igual que la Terapia no es una herramienta tan potente para el cambio y el logro de objetivos, el Coaching no puede utilizarse para resolver disfuncionalidades del ámbito de la Psicología o Psicoterapia.

El Coaching no se centra en las circunstancias ni en el pasado como la Terapia, sino en cómo cambiar las cosas que no nos gustan, a través de tomar acción. La fuerza del Coaching está en su propio funcionamiento a base de *preguntas poderosas*, capaces de remover la conciencia del coachee y automotivarlo para el cambio. El Coaching se fundamenta en conversaciones inspiradoras en las que un coach hace las preguntas adecuadas al objetivo que el coachee quiere conseguir.

El coach es un canal para descubrir el potencial que tenemos dentro, a través de una introspección, sin pretender dirigirnos, como nos haría la Consultoría o la Terapia, sino confiando en que somos cada uno de nosotros los que en realidad sabemos lo que nos conviene. Por este motivo es que el Coaching se usa y es especialmente efectivo para personas con un nivel de compromiso, responsabilidad, disciplina, esfuerzo, ambición por el desarrollo personal, excelencia y talento por encima de la media de la población general.

En más de una ocasión, la labor de un coach tiene que ser complementada con la divulgación sobre la profesión. La confusión frecuente alrededor del Coaching hace necesaria una aclaración también continua de qué es el Coaching, qué no es, qué lo diferencia de otras disciplinas o herramientas, etc.

En varias discusiones de grupos de Linkedin, una hace algún tiempo ya, tuve una vez más que señalar en qué consiste el Coaching. Es tanta la confusión que genera, que incluso profesionales cualificados de diferentes ramas y sectores no tienen claro qué lo diferencia exactamente de otras disciplinas como la

Psicoterapia, Mentoring, Formación, Consultoría, etc.

Es cierto que un profesional puede ejercer de coach y también ser algo más que incluir en su bagaje profesional, incorporando diferentes disciplinas y aptitudes. Sin embargo, conviene señalar una vez más, para evitar confusiones, que Coaching no es Mentoring, Terapia, Formación, etc. Cada disciplina tiene sus aplicaciones, y por este motivo muchos coaches aprendemos distintas herramientas además del Coaching en sí, como técnicas que se utilizan en psicoterapia, Terapia Gestalt, Análisis Transaccional, técnicas de mentoring, habilidades de formación, consultoría de RRHH, Inteligencia Emocional, PNL, etc.

Por otra parte, también es importante destacar que la función del coach no es transmitir conocimientos teóricos como se cree a veces, como si fuera un formador, sino ser un facilitador de autoconocimiento y autoconfianza que lleve a alcanzar bienestar y equilibrio emocional. El Coaching es Conciencia, Acción, Cambio y Desarrollo Personal. El Coaching es más bien un canal para movilizar energía y motivación con el fin de que una persona alcance sus metas.

Así pues, Coaching no es un canal de información, ni es Formación, por lo menos esa no es su función principal. El Coaching tiene como misión fundamental ayudar a una persona o personas a encontrar sus propios recursos, elegir su rumbo, formular sus objetivos, sacar su máximo potencial personal y convertirse en su mejor versión. En última instancia, el Coaching busca la felicidad a través del desarrollo personal.

La desinformación de la sociedad sobre el Coaching es lo que ha provocado que muchos coaches seamos «embajadores» y formadores de la disciplina del Coaching. A falta de más educación en los centros educativos y en los medios de comunicación, los coaches no tienen más remedio que explicar una y otra vez en qué consiste, cuando su función debería estar enfocada en su área de actividad principal, no tanto la de orador del Coaching o formador sobre el Coaching, sino en su labor de facilitador, ayudador y acompañante de una persona que quiere ir de un punto A de cierta insatisfacción a un punto B de mejora y desarrollo del potencial personal.

Veamos a continuación, en el siguiente capítulo, cuáles son las principales aplicaciones del Coaching, que a veces puede llevarnos a la sensación, no desacertada, de que el coach es un poco psicólogo, en el sentido de que tiene curiosidad por las personas y desea ayudarlas a alcanzar mayor bienestar.

2

APLICACIONES DEL COACHING

¿Qué significa en Coaching hacer «tu viaje interior»?

«Piensa que en ti está el futuro y encara la tarea con orgullo y sin miedo. Aprende de quienes puedan enseñarte».

Walt Whitman nos reta a vivir de forma auténtica mirando al futuro sin miedo. La clave para alcanzar nuestros sueños es creer en nosotros mismos y en nuestras capacidades para hacerlos realidad mediante el autoconocimiento. Así aprendemos a sacar nuestro talento para hacer de nuestra vida algo grande y que merezca realmente la pena:

«No te dejes vencer por el desaliento. No permitas que nadie te quite el derecho a expresarte, que es casi un deber. No abandones las ansias de hacer de tu vida algo extraordinario».

Se trata de aceptarnos y permitirnos ser quienes en verdad somos, para de esta manera descubrir nuestros anhelos y pasiones. La magia está en ser uno mismo, en scr auténtico, y dejar un poco al margen las expectativas de los demás sobre nuestra conducta. En el momento en que nos preocupan más nuestros valores, necesidades y deseos, que quedar bien con los demás, nuestra reputación y ser amados, es cuando realmente somos nosotros mismos. Para ello hace falta que hagamos un *viaje interior* para conocernos mejor.

Practicar la autenticidad no es fácil, y menos en un contexto social como en el que nos encontramos en la actualidad, donde las apariencias, la hipocresía y el tener el amor y el favor de los demás son tan altamente valorados. En cambio, los valores como la dignidad, el respeto, la generosidad, la sinceridad, la dedicación, el espíritu de servicio y el cumplir con los compromisos, son relegados a un plano secundario en el mejor de los casos. Aunque en realidad enfrentarse a los propios miedos siempre ha sido difícil para las personas, como nos indica Carl Jung:

«La gente podrá hacer cualquier cosa, no importa cuán absurda, con el fin de evitar enfrentar su propia alma».

Encontrarse con uno mismo es una de las aventuras más apasionantes, si no es la que más, ya que pone en juego todo lo que conforma nuestra personalidad y esencia: emociones, aspiraciones, sueños, creencias, valores y capacidades. El conocimiento de uno mismo nos brinda la posibilidad de crear la vida que queremos vivir, ya que solo descubriendo lo que nos hace falta, lo que nos ilusiona y lo que deseamos, podremos dirigirnos al lugar donde encontraremos esas cosas.

Las convicciones negativas sobre nosotros mismos nos limitan enormemente para vivir la vida que deseamos. En ocasiones no nos sentimos dignos de merecer lo mejor para nosotros, y entonces vemos problemas que se nos hacen difíciles de sortear, sobre todo cuando otros nos dicen qué tenemos o no que hacer. Dudamos de lo que nos conviene y creemos en lo que nos dicen los demás, en lugar de mirar hacia adentro y confiar en nosotros mismos.

En el *Mito de la Caverna* de la obra de Platón, *La República*, el autor expone que después de mucho tiempo encadenados y sin ver la luz, cuando de repente estamos libres podemos sentirnos temerosos por lo que hay fuera de la «caverna» al salir a explorar. Además, la luz a la que no estamos acostumbrados nos puede molestar, y si no nos habituamos a ella podemos renunciar a verla de nuevo y sumergirnos en la oscuridad, alejándonos de la verdad, e incluso ahora ya no ignorándola como antes, sino puede que hasta odiándola por la frustración que sentimos al estar en contacto con ella y no saber convivir con la misma.

En conclusión: Las respuestas que necesitamos no se encuentran afuera, sino que están en nuestro interior. Al mirar hacia dentro y descubrir nuestra esencia, esta nos puede deslumbrar y hacernos sentir confusos y desconcertados, pero si continuamos mirando, poco a poco veremos con nitidez y claridad lo que significa. La clave está en confiar en nosotros mismos y ser auténticos. Como dijo Carl Jung:

«Quien mira hacia afuera, sueña. Quien mira hacia adentro, despierta».

Decide despertar y mirar hacia adentro. El Coaching así te ayudará:

✔ Reconocer tus limitaciones y generar estrategias para superarlas.

✔ Potenciar tus fortalezas y limar tus debilidades

✔ Descubrir y revalorizar tus capacidades

✔ Saber automotivarte y no depender de otros para ello

✔ Perfeccionar tus habilidades sociales

✔ Compatibilizar tu vida profesional y familiar

✔ Mejorar la toma de decisiones

✔ Decir «no» sin sentirte culpable

✔ Incrementar tu energía y productividad

✔ Eliminar los miedos, distracciones y otras barreras para tu éxito

¿Qué son las creencias limitantes?

«La vida es lo que ocurre a tu lado mientras haces otros planes».

John Lennon

En Coaching denominamos *creencias limitantes* a aquellas que frenan o impiden el desarrollo y el aprendizaje. Son pensamientos que tienen tanta fuerza en nuestra mente y nuestro entorno que llegan a convertirse en algo así como una profecía autocumplida. Por lo general, estas *creencias limitantes* suelen ser básicamente de tres tipos: las relacionadas con la desesperanza («Haga lo que haga, nada cambiará», «No vale la pena esforzarse»), las que tienen que ver con los sentimientos de impotencia («No puedo», «Yo no soy capaz de conseguir eso», «Eso está fuera de mi alcance»), y las de ausencia de mérito («No me lo merezco», «Esto no está a mi altura»). Las tres ejercen una gran influencia a la hora de limitar la capacidad de desarrollo de las personas y nos las encontramos constantemente en los procesos de coaching, donde trabajamos para identificarlas y cambiarlas por otras que impliquen esperanza en el futuro, sensación de capacidad, responsabilidad, sentido de la valía, pertenencia, etc.

Todos nosotros estamos llenos de creencias y muchas de ellas son creencias limitantes. Estos pensamientos se van incorporando a nuestro ser a lo largo de toda la vida, la mayoría durante la infancia. Estas creencias quedan tan arraigadas en la infancia que perduran hasta cuando somos adultos. Muchas de ellas se crearon con algún propósito positivo, como protegernos, ayudarnos a establecer límites, etc. Con el tiempo, muchas de esas creencias no es que ya no nos sirvan, sino que incluso se convierten en un lastre para nuestra autorrealización personal, de tal forma que impiden que logremos nuestros objetivos vitales. Como nos señala acertadamente Jose Antonio Marina en *Anatomía del miedo*:

«Las creencias erróneas son el caballo de Troya del que se sirve el miedo para entrar dentro de ti».

Dentro de nosotros hay muchas creencias inculcadas desde la infancia que nos limitan constantemente. La consecuencia principal es no poder hacer realidad nuestros sueños. Sin esas creencias erróneas, no habría cabida para el miedo a intentar conseguir nuestros objetivos, pero la cuestión es que sí están. Entonces no queda otro remedio que afrontar esas creencias limitantes y ver hasta qué punto tienen fundamento o por el contrario, rechazar su validez. Incluso se puede dar un paso más, y sustituir esas creencias erróneas por otros pensamientos más constructivos, con el fin de que nos sirvan para alcanzar nuestras metas.

Pocos pueden presumir de superar sus miedos en una sociedad que cultiva el miedo como forma de controlar los comportamientos de las personas. Desde la infancia y la educación, esto ha sido así, y los medios de comunicación y gobernantes utilizan el arma del miedo para conseguir cosas de las personas. Por supuesto, somos libres de hacerles caso o no, pero a veces necesitamos que algo o alguien nos «despierte» y nos ayude a tomar consciencia de que las cosas pueden ser diferentes. Es por ello que muchas personas acuden a un coach para descubrir otras opciones, que quizá no son capaces de ver por sí solas.

El primer paso es siempre detectar las creencias erróneas que están obstaculizando que logremos lo que deseamos. Si no logramos avanzar cuando tenemos un proyecto que llevar a cabo, es hora de replantearse qué está fallando. Un no avance es al final un retroceso, por lo que conviene ponerle remedio antes de sea demasiado tarde. De esta manera tratamos de ver qué *trampas* nos están inmovilizando y buscamos la forma de salir de ellas para seguir adelante.

La duda es uno de nuestros peores enemigos para alcanzar nuestros sueños, ya que tiñen de oscuridad la posibilidad de tener éxito. La duda nos paraliza y crea la idea de que no es posible lograr nuestros objetivos. Las dudas que tenemos a través de creencias erróneas hacen fácil que el miedo se instale dentro de nosotros y que desistamos de nuestros sueños:

«Nuestras dudas son traidoras, porque nos hacen perder aquello que pudimos ganar, por miedo a intentarlo». - William Shakespeare

El peor de los fracasos es, sin lugar a dudas, el fracaso de no haberlo intentado. El arrepentimiento de no haber intentado hacer algo para lo que nos creíamos destinados por nuestra vocación o pasión es realmente duro, ya que no tiene solución. Por lo tanto, bien merece la pena tomar algunos riesgos en nuestra vida, siempre que sea posible, moderados y con cierto control o planificación. Asumir riesgos es para las personas valientes, pero la buena noticia es que todos podemos aprender a ser valientes. Valiente no es el que no tiene miedo, sino el que es capaz de sopreponerse al miedo y seguir avanzando. Es lo contrario de lo que piensan muchos, que son esclavos de la creencia errónea que ser valiente es no tener miedo.

Muchos ocultan sus miedos, y esa es la peor postura que se puede tener, ya que evita que se les pueda hacer frente. Muchas, muchísimas personas, enmascaran sus miedos aparentando ser felices de cara a los demás, y creen así su propia mentira. Su error pasa factura antes o después, cuando después de un tiempo, se dan cuenta que no intentaron aquello por lo que merecía la pena vivir. En algún momento olvidaron que asumir algún riesgo para luchar por lo que deseaban podía tener su compensación, y que la vida es cambio y aprendizaje, por lo que su inmovilismo y miedo no les permitió vivir con plenitud.

Para sacar el máximo potencial de una persona en un proceso de coaching, tenemos sí o sí que detectar esas creencias limitantes que bloquean que salga lo mejor de sí misma. Una vez identificadas esas creencias erróneas, corresponde cambiarlas por otras creencias más adecuadas para la consecución de los objetivos que se haya marcado el cliente. Se trata de una sustitución por creencias potenciadoras, que son aquellos pensamientos que proporcionan un cambio positivo del coachee, le permite obtener energía y automotivación para luchar por lo que quiere.

Un cliente empezó la primera sesión algo escéptico, pero fue maravilloso ver como poco a poco empezó a cambiar de opinión, al darse cuenta que podía superar las barreras que le estaban impidiendo llevar a cabo sus proyectos. Comenzó a tener ideas y al ver que esas opciones podían ayudarle a lograr lo que quería empezó a sentirse motivado para dar pasos. Se enfocó entones en esas cosas que podía hacer, y dejó de estar centrado en los obstáculos, que era lo que le impedía avanzar en un momento de transición laboral. Superar sus miedos le permitió que el problema de estar sin trabajo no fuera un problema sin solución, en el cual él no podía hacer nada, para pasar a ser un proyecto ilusionante de búsqueda de un nuevo empleo. Finalmente, logró su propósito y empezó en un nuevo trabajo, que resultó ser un reto apasionante.

¿Cómo facilita el Coaching el uso de los propios talentos?

«El éxito reside en la diferencia, no en la igualdad. Ser todos lo mismo nos ha llevado a la difícil situación actual».

De esta forma es que John Whitmore puso de relieve en el *Leadership Forum Galicia* del año 2012 que una persona puede triunfar en su vida solo si explota sus propios dones especiales. Cuando todos pretendemos ser iguales que los demás por miedo a destacar y ser señalados o quedarnos aislados del grupo, la consecuencia es la pérdida de valor que se aporta a la sociedad, y el empobrecimiento general. A eso se refiere John Whitmore como causa de la etapa recesiva profunda y prolongada experimentada desde el año 2006.

También William James nombró la importancia de utilizar nuestros talentos y expandir nuestros límites:

«En comparación con lo que deberíamos ser, solo estamos despiertos a medias. Solamente utilizamos una parte muy pequeña de nuestros recursos físicos y mentales. En términos generales, el individuo humano vive así muy dentro de sus límites. Posee poderes de diversas suertes, que habitualmente no utiliza».

Desde pequeños, nuestros padres y profesores nos han enseñado a integrarnos en la sociedad y a hacer lo que nos decían para ser queridos y aceptados. Ello nos ha alejado en general de nuestra esencia, y no hemos aprendido después a encontrarnos y a aceptar nuestro «verdadero yo». ¿Qué repercusión ha tenido esta educación? Es bastante evidente: vacío existencial generalizado, individualismo, materialismo, egoísmo, problemas de comunicación (no nos comunicamos desde nuestro yo verdadero y se crean confusiones), miedo a que los demás vean cómo somos realmente y falsedad social.

«Las personas que escuchan y atienden todo cuanto se dice a su alrededor mostrarán bien pronto y bien lógicamente un cierto grado de desequilibrio mental».

Con esta frase Gordon Muller en *Superación Personal* deja claro que escuchar y atender a los demás en cuanto a lo que nos conviene o a lo que ellos opinan sobre el mundo es un error. Es uno mismo quien tiene que descubrir qué es para él la felicidad, cuál es su sueño, qué vida desea tener, qué opina del mundo, con qué personas le gusta relacionarse, etc. Si no aceptamos que somos diferentes y tratamos de ser del montón, de la masa, iguales... lo que conseguiremos es adquirir un desequilibrio mental propiciado por el conflicto entre lo que atendemos y lo que es nuestra esencia.

Así pues, el equilibrio se encuentra en nuestro *centro*, que es donde nos reconocemos y nos sentimos en paz con nosotros mismos. Ahí renunciamos a ser superiores o inferiores a las otras personas, porque sabemos que todos somos diferentes y cada uno es especial, ni mejor ni peor. Sin la necesidad de competir y compararnos, nos sentimos liberados y en paz, tanto interiormente como con el exterior.

Ser diferente es un hecho por naturaleza y cada persona es parecida pero diferente a los demás en algún aspecto. El coach actúa como un «despertador», para que la persona se «despierte» y reencuentre con su esencia, su talento y sus sueños. Es un gran reto que cualquier buen coach debe proponer:

«Se trata de que cada uno encuentre su yo, que cada uno se pregunte: "Yo, realmente, ¿qué quiero?" Si respondes a esta pregunta, tendrás un sentido, y luego calibrarás todas las vías posibles para alcanzar ese objetivo: elige una.» - John Whitmore

Desarrollar los dones especiales es un proceso imprescindible en una sociedad cada vez más competitiva, donde el mercado de trabajo es complejo, cambiante y muy exigente. Las empresas tienen que competir con talento o con precios bajos, y los profesionales deben hacer lo mismo:

«Si usted no es diferente, más vale que tenga un precio muy, pero muy bajo». - Jack Trout

¿Cómo sirve el Coaching para quitarse la máscara y ser uno mismo?

«No es la dificultad la que impide atreverse, pues de no atreverse viene toda la dificultad».

Esta frase de Arthur Schopenhauer nos sirve para darnos cuenta de que no atrevernos por miedo es lo que nos crea la dificultad en la vida. Quizá el mayor reto que tenemos en la vida es encontrarnos a nosotros mismos, conectar con nuestra esencia y ser auténticos más tiempo.

Cierto es que no siempre podemos hacer lo que queremos ya que vivimos en sociedad, y el respeto también es un valor muy importante. Claro que tampoco es conveniente decir siempre lo que pensamos a los demás, sobre todo cuando supone herir innecesariamente a otras personas. Ahora bien, lo que no es nada sano es tragarse siempre lo que uno quiere decir, ni dejar de hacer cosas importantes por no molestar a los demás.

Al leer un artículo sobre este tema, recordé cuando años atrás me apunté a un taller de «Gestalt y Crecimiento Personal». Entonces hicimos un ejercicio de máscaras y descubrimos qué tipo de máscara llevábamos cada uno. Reconocer nuestro rol nos puede ayudar a evitar conflictos psicológicos y problemas en las relaciones interpersonales, porque tomamos consciencia de por qué actuamos como actuamos y también por qué los demás actúan como actúan ante nosotros. Quizá la máscara que utilizábamos ya no nos sirva o también es posible que necesitemos adaptarla o retocarla para hacerla más cómoda.

Sea como sea, si empleamos una máscara es porque en algún momento nos sirvió para relacionarnos y conseguir algo de los demás. El problema es cuando nos identificamos con la máscara y creemos que somos ella, ya que eso implica dejar de ser dueños de lo que hacemos pensando que somos como somos y no podemos cambiar nuestro comportamiento. Aceptar la máscara puede ser bueno, pero solo como un instrumento, nunca olvidando que uno es más que la máscara que lleva puesta.

Cuando podemos separar nuestra esencia de la máscara o máscaras que llevamos, somos capaces de identificar nuestras creencias limitantes y atrevernos a ser nosotros mismos. Es así como nos podemos plantear cuáles son nuestros principales valores y qué tipo de vida queremos crear para nosotros. El siguiente paso es abandonar nuestra «*zona de confort*» y arriesgar para vivir una vida más auténtica y plena. El filósofo Platón abogó por asumir riesgos cuando uno cree en sus sueños y en sí mismo:

«Un hombre que no arriesga nada por sus ideas, o no valen nada sus ideas, o no vale nada el hombre».

El Coaching para mejorar la Autoestima

«La opinión de los demás sobre ti no tiene que volverse tu realidad».

Les Brown

La Autoestima consiste en amarse a uno mismo y es la mejor herramienta para tener éxito en nuestra vida. El Coaching que fomenta la Autoestima del coachee tiene muchas más probabilidades de tener éxito que el Coaching que se enfoca solo en otros aspectos. El motivo es que una vez que una persona gana Autoestima, es capaz de poner más de sí misma para conseguir sus objetivos e incluso hacer cosas que sin Autoestima no se atrevería.

«La autoestima es un sentimiento basado en sentirse capaz y amado». - Jack Canfield.

Precisamente si queremos conseguir resultados distintos, tenemos que hacer cosas distintas, explorar y arriesgarnos en cierta medida. Sin Autoestima no hay confianza en la habilidad de uno mismo para conseguir lo que quiere. Es más, si una persona no se ama a sí misma, o no lo hace suficientemente, es difícil que tenga fe en sí misma para alcanzar las metas que se propone.

«Los logros productivos son una consecuencia y expresión de salud y autoestima». - Nathaniel Branden

Por lo tanto, la Autoestima es el pilar básico que debe sustentar cualquier proceso de coaching, porque las sesiones de coaching serán más fructíferas si desde el principio uno cree en su cliente y su capacidad de mejorar, de aceptarse y amarse a sí mismo. Lo cierto es que la capacidad del coach en creer en el potencial del coachee es posible cuando el coach tiene una alta Autoestima, pudiendo transmitir la misma al coachee.

El coach transmite la capacidad de quererse a uno mismo mediante el trato respetuoso y amable hacia el coachee, así como su habilidad para una escucha activa, empatía e interés real por lo que le sucede al coachee. Así pues, no hablamos de alabar al coachee o ser hipócritas haciendo «la pelota» al cliente para que se quede con nosotros o se sienta simplemente cómodo. El Coaching consiste en algo más que una atención al cliente, ser diplomático o comercial. El coach debe tener la habilidad de interesarse auténticamente por su cliente, y desear su mejora personal.

Hace poco vi una frase que me gustó mucho, y decía algo así:

«Nosotros siempre seremos la persona correcta que el otro conoció en el momento equivocado». – Anónimo

Esta frase me gusta especialmente porque la interpreto como que no hay nada de malo en nosotros y que cuando alguien no nos valora, o no alcanza a comprendernos, la relación no «cuaja», no porque seamos personas poco aptas, sino porque el momento no era el más propicio cuando nos encontramos o no nos entendimos. Pero en cualquier caso, uno siempre es la persona correcta, ¡no olvidarlo!

Cuando una persona es capaz de mirarse al espejo y aceptar lo que ve, amar lo que le transmite el espejo e incluso decir en voz alta que acepta y quiere lo que el espejo le devuelve, entonces podemos afirmar que esa persona tiene una buena Autoestima. Lo contrario implica que necesita hacer un trabajo interior para aumentar su Autoestima. En cualquier caso, no debemos permitir que sean los demás los que nos definan, los que decidan quiénes debemos ser según sus interpretaciones de nuestros actos o actitudes:

«No dejes que las percepciones limitadas de los demás te definan». - Virginia Satir

Las adversidades ponen a prueba la Autoestima y la fe de las personas en sí mismas. Muchos creen que las circunstancias externas hacen disminuir la autoconfianza, pero aún siendo cierto, el menoscabo de la Autoestima es producto de no creer en uno mismo y su capacidad de sobreponerse a las adversidades. Los obstáculos o situaciones difíciles son claramente un freno a nuestras aspiraciones de conseguir algo o de vivir cómodamente. Sin embargo, los desafíos que conllevan las adversidades son oportunidades para aumentar nuestra Autoestima y salir fortalecidos.

La Autoestima está muy relacionada con otra competencia personal: la Resiliencia. Mediante la Resiliencia, las personas son capaces de afrontar las circunstancias por penosas y duras que sean, sacar fuerzas de su interior y seguir adelante pese a las adversidades e infortunios que les rodean. Si una persona confía en sí misma y en su capacidad de luchar por lo que quiere, y siente amor por ella misma, por lo que quiere sobreponerse, entonces tiene como aliada a la Autoestima para ser resiliente y crear un nuevo futuro:

«Nadie puede volver atrás y comenzar algo nuevo, pero cualquiera puede comenzar hoy y crear un nuevo futuro». - Sally Field

¿Cómo ayuda el Coaching a mejorar la Autoestima?

«Mi mejor amigo es el que saca lo mejor de mi mismo».

Henry Ford

El Coaching facilita que te ames más a ti mismo/a, ya que hace posible que te conozcas mejor y te aceptes tal como eres. Por supuesto que el Coaching se enfoca en el cambio y la transformación personal, pero siempre partiendo de quien eres, tus valores, tu esencia. Nunca, y repito, nunca, el Coaching va a pretender cambiar tu esencia, sino que te facilitará un encuentro contigo mismo/a. Conocerte a ti mismo/a es lo que te transforma en la persona que realmente eres y es lo que permite que seas tu mejor versión en la vida.

Muchas personas identifican cambio con incertidumbre, amenaza y pérdida de identidad. Vamos a ver a continuación que el Coaching te facilita que asumas los cambios e incluso que seas proactivo para provocarlos cuando te convenga:

1. El cambio que propone el Coaching te ayuda a que vivas menos temeroso de las incertidumbres ya que te empodera para que seas una persona resiliente, capaz de resistir los vaivenes de la vida y de sobreponerte a las adversidades. De esta forma puedes afrontar la incertidumbre con herramientas poderosas de adaptación, flexibilidad y confianza.

2. La toma de consciencia de la realidad en la que te

encuentras y saber quien eres y qué es lo que quieres, evita que veas amenazas por todas partes, y que seas reticente a los cambios por temor a que estos puedan perjudicarte. En su lugar, el Coaching te ofrece ver otras perspectivas como posibles oportunidades en los cambios.

3. Cuando te aceptas tal como eres y aprendes a quererte siempre, aunque no seas el tipo de persona que pensabas que eras y que tenías idealizada, entonces dejas de temer la pérdida de tu identidad cuando hay cambios en tu entorno o en el momento en que sientes que necesitas cambiar y transformarte en la persona que realmente eres y dejar de intentar ser quien no eres.

Lo que creemos de nosotros mismos es lo que transmitimos y lo que condiciona nuestros actos. Por ello debemos cuidar nuestro diálogo interior. Nuestras creencias sobre nosotros se basan en nuestros pensamientos, por lo que si cuidamos lo que nos decimos a nosotros mismos como muchas veces cuidamos lo que decimos a los demás para no herirlos, seguramente que evitaremos dañar nuestra Autoestima.

«La persona más influenciable con la que hablarás todo el día eres tú. Ten cuidado entonces de lo que te dices a ti mismo». - Zig Ziglar

Aceptando tus errores como parte de tu humanidad y de un aprendizaje de la vida es la forma en que evitas sentirte incapaz para el trabajo, las relaciones, etc. No seas demasiado duro contigo mismo cuando falles o fracases en lo que emprendes. Es habitual tropezarse y caerse, pero lo importante es que sigas creyendo en ti mismo para que puedas levantarte, ignorar las críticas o desaprobación de algunos y seguir adelante. El éxito no es para los que abandonan, sino para los que se esfuerzan y perseveran. Además, piensa que si consigues aceptar quien eres a pesar de que no seas como otros quieren que seas, ya habrás dado un gran paso, tal y como indica Ben Sweet:

«El éxito más grande es la aceptación de uno mismo».

Escuchando desde lo más profundo, un coach puede entrever las enormes carencias que derivan en una pobre Autoestima del coachee. Las palabras y los gestos del cliente delatan su falta de Autoestima, y esa carencia impide que pueda conseguir sus objetivos.

El coach no hace interpretaciones, solo acompaña al cliente a dónde este quiere ir, no a dónde el coach cree que debería ir. Por lo tanto, se alcanzará la autoestima que el cliente esté dispuesto a conseguir, ni más ni menos.

La confianza en uno mismo genera energía para tomar decisiones aunque estas últimas sean complejas. Y esto es vital en los procesos de coaching, ya que el cliente tiene que decidir qué acciones emprender y qué estrategias utilizar. Únicamente cuando se empodera al cliente y este es consciente de sus competencias, es cuando está preparado de verdad para hacer lo que tiene que hacer, cueste lo que cueste.

El reto del Coaching es muy importante, porque si tiene éxito logra que una persona se dé cuenta de lo que puede cambiar de su vida, incluso si antes pensaba que no estaba en su poder. Ese es el primer paso para después actuar. La conexión con el coraje y la voluntad interior lleva a este empoderamiento del coachee, que accede a su libertad de elegir y de tomar las riendas de su vida para hacer lo que con ella desee, en lugar de dejarse llevar y no hacer nada por su bienestar.

El Coaching tiene un papel fundamental para mejorar la Autoestima, ya que a medida que se desbloquean creencias limitantes, el cliente descubre capacidades y habilidades que no sabía que tenía o que estaban a su alcance, lo cual le repercute favorablemente en su autoconfianza, al sentirse más dueño de su vida que antes.

¿Cómo podemos ayudar al coachee a que aumente su Autoestima? Vamos a verlo seguidamente en estas 10 claves:

1. Centrarse en el presente. Evitar preocupaciones respecto a lo que pasó o inquietudes por el futuro.

2. Autodescubrimiento de sus valores. Ayudar a que la persona tome consciencia de lo que valora realmente y acompañarlo para que ello se convierta en el pilar de su personalidad para sustentar así sus acciones.

3. Enfocarse en lo que quiere en lugar de lo que no quiere. El autoconocimiento dará paso al establecimiento de objetivos y el enfoque estará puesto en ellos. Cuando una persona encuentra un sentido a lo que hace, eso le permite sentirse más seguro de sí mismo.

4. Aprender a expresar lo que piensa, sus opiniones, y que sea de forma adecuada para que facilite sus relaciones sociales. Por medio de técnicas de asertividad y de los derechos asertivos, se proporciona una serie de competencias esenciales para la autoconfianza del coachee en situaciones sociales.

5. Relativizar y no magnificar los fracasos, enseñar a verlos como aprendizajes. No obsesionarse con el éxito o los resultados, ya que estos no siempre dependen del coachee.

6. Facilitar que el cliente tome consciencia que posiblemente no puede gustar siempre a todo el mundo, pero que siempre será una persona valiosa y con algo que ofrecer, por lo cual siempre podrá encontrar a alguien que lo aprecie por lo que es y como es.

7. Enseñar que la generosidad, sobre todo con las personas con las que se tiene una relación más íntima, favorece las relaciones y la propia Autoestima. Dejar de sentir siempre miedo por darse a los demás, y aprender a distinguir quiénes son esas personas apropiadas para darse.

8. Creer en las propias capacidades y valorar lo que uno tiene facilita que no prolifere la envidia ni el deseo que los demás fracasen. Aprender a alegrarse por los éxitos de los demás y contribuir a ellos es otra forma de ser más poderoso, aunque muchos piensen lo contrario.

9. Aprender a disfrutar de las pequeñas cosas de la vida refuerza la Autoestima.

10. Aceptarse a uno mismo siempre a pesar de no ser perfectos y equivocarnos, y a pesar también de que los demás nos critiquen o no nos acepten tal y como somos.

Una chica a la que pude darle coaching había empezado a trabajar hace poco y estaba algo insegura en su nuevo puesto. Es muy frecuente que ocurra, y la cuestión es saber sobreponerse al miedo y llevarlo con entusiasmo. Durante las sesiones trabajamos la confianza en ella misma y en su habilidad para relacionarse con sus nuevos compañeros y jefes, así como sus competencias profesionales. En poco tiempo empezó a sentirse cómoda y tomar consciencia de lo capaz que era para hacer sus tareas con éxito. Sin duda, su automotivación porque salieran bien las cosas en ese nuevo puesto fue de gran ayuda.

El Coaching para potenciar el valor que puedes aportar a los demás

«No te preguntes a ti mismo qué necesita el mundo, pregúntate que te hace sentirte vivo y entonces haz eso. Porque lo que necesita el mundo es gente que se siente viva».

Howard Washington Thurman

Te planteo esta cuestión: *¿Sabes lo que vales?*

La fórmula de Víctor Küppers permite saber cuál es tu valor en función de tus conocimientos, habilidades, experiencia y lo que es más importante, según indica él mismo, en función de tu actitud ante la vida, los problemas, los retos, etc. El «efecto actitud» pone de relieve que la actitud es el factor más importante para ser valorado por los demás en diversas situaciones y circunstancias, con un efecto multiplicador, que potencia todo el bagaje que tengas en forma de conocimientos, habilidades y experiencia.

Y es aquí donde cobra especial importancia la fórmula para comunicar mejor de Víctor Küppers, que consiste en:

V= [C+H] x A, donde V=Valor, H=Habilidades, C=Conocimientos, A=Actitud

La fórmula de Küppers destaca el llamado «*efecto actitud*»:

Nuestro valor o el valor de lo que comunicamos aumenta enormemente cuando mejora nuestra actitud.

Tu actitud es más probable que sea positiva cuando eres feliz con lo que haces. Si te levantas por las mañanas angustiado porque no haces algo que te motive, es imposible que puedas ir por ahí con una buena actitud. Por este motivo, una gran mayoría de personas en la sociedad no tienen una actitud positiva en general, ya que van a un trabajo que no les satisface, únicamente porque hacen lo que el entorno les dice que deben hacer para ser felices.

Como contestó Víctor Küppers en una entrevista para el diario *La Vanguardia*, la pregunta que debemos hacernos en la vida, y que no se puede eludir de ninguna de las manera si pretendemos ser felices, es:

¿Cuál es tu objetivo en la vida?

Lo que vales está en función de lo que transmites a los demás. Me refiero al valor percibido por los otros. Otra cosa es que intrínsecamente cada uno tiene un valor por ser persona y debe ser respetado como tal. Ahora bien, lo que los demás perciben es lo que va a dotarnos de valor extrínseco, lo que nos aporta reconocimiento y valoración.

Todo en la vida no es reconocimiento y valoración por los demás, ni mucho menos. En el sentido de lo que decía antes, lo fundamental es encontrar cuál es el objetivo vital de cada uno, tu pasión, aquello que le da sentido a lo que haces. Esto último es lo que en última instancia te da la felicidad y aporta valor a tu vida.

En la vida social las personas son valoradas por lo que aportan a los demás. Así que cuanto más aportas o puedes aportar, más valor tienes para los otros. Por ello, los conocimientos, habilidades y experiencia suman para contribuir a los intereses de las empresas que nos contratan, y así ha sido durante mucho tiempo. El interés de la fórmula de Küppers es que señala que lo que vales se multiplica por el grado de actitud que tengas. ¿Quién no se ha encontrado alguna vez siendo el elegido para un trabajo cuando ha demostrado una actitud positiva con ganas de aprender y de contribuir?

No creo que nadie haya sido contratado por una empresa o un cliente mostrando una actitud negativa o desganada. En cambio, sí creo en destacar siendo uno mismo pero mostrando lo mejor que tenemos para ofrecer, como una actitud de servicio, de sumar, de aportar energía y entusiasmo en lo que hacemos.

Quizá no lo sepas, o sí, pero seguramente muchas veces tú has sido escogido para un trabajo, o por una pareja, o por unos amigos para estar contigo, no porque fueras el más inteligente, atractivo, o divertido, sino porque has transmitido una actitud tan positiva de ayudar a mejorar ese trabajo, de hacer sentir mejor a tu pareja, o de escuchar y preocuparte por tus amigos, que han llevado a todos ellos a enfocarse en ti y apostar por ti, olvidándose de lo que quizá no sabes hacer tan bien o no eres tan brillante.

Por lo tanto, tu valor como persona no te lo va a quitar nadie, pero tu valor como ser social aumentará conforme los demás te perciban afable, entusiasta, positivo, con voluntad de aportar, con ganas de aprender con los demás, y en definitiva, a medida que te muestres con actitud positiva.

En la actualidad se da mayor relevancia a la actitud, cuando muchos se han dado cuenta que las personas con entusiasmo, positivas y flexibles son capaces de adaptarse mejor a los cambios, de ser creativas en entornos de incertidumbre y de gestionar mejor los conflictos y las emociones. Por esta razón, Küppers crea la fórmula en que la actitud es primordial ya que multiplica en lugar de solo sumar, y eso hace posible que una persona con menos conocimientos o habilidades pueda estar a la altura de una situación igual o mejor que otra gracias a su comportamiento, al demostrar con él una actitud verdaderamente positiva.

Por otra parte, la actitud es importante no porque hagamos lo que queremos hacer, sino porque también tengamos la habilidad de afrontar los problemas y de no escondernos de lo que nos da miedo. Si la resiliencia forma parte de nuestra actitud, entonces somos más atractivos, porque logramos sobreponernos a las adversidades, y siempre es de admirar una persona que, cuando las cosas se ponen difíciles «no tira la toalla», sino que afronta la situación en lugar de abandonar como hacen muchos otros.

Lo cierto es que la adversidad consigue despertar el talento que quedaría dormido en una situación de calma y confort. Es en la adversidad cuando debemos ser imaginativos, vencer miedos, superarnos y tomar retos que en otro caso no nos atreveríamos a llevar a cabo. Precisamente, ante las situaciones difíciles o de cambio, es cuando surgen las oportunidades y la posibilidad de reinventarse, como nos sugiere Helen Keller:

«Cuando una de las puertas de la felicidad se nos cierra, otra se abre. Pero a menudo nos quedamos mirando tanto tiempo la puerta cerrada, que no vemos la puerta que tenemos abierta».

Y tú, ¿sabes lo que vales? ¿Tu actitud contribuye a tu valor o podría contribuir más? ¿La adversidad ha despertado tu talento alguna vez?

¿Se puede re-escribir el guión de vida con el Coaching?

«El punto de elección te ofrece la oportunidad de elegir tu vida más grande o seguir siendo pequeño, continuar formando parte de la manada de lemmings y seguir inconscientemente a los que te rodean y que de uno en uno van cayendo por el acantilado».

Robin S. Sharma (*Descubre tu Destino*)

El guión de vida de cada persona se establece en la infancia, bajo la influencia de aquellas personas que son cercanas y relevantes para cada uno de nosotros, como padres, maestros, familiares, etc. El guión de vida queda reforzado por las diferentes experiencias que vivimos a medida que vamos creciendo.

Para Eric Berne el guión de vida es el argumento pre-establecido, casi siempre de una obra dramática, que la persona se siente obligada a representar, tanto si se identifica con el personaje de la obra como si no. Este guión de vida se programa como resultado de los *«mandamientos»*, creencias o mensajes que nos llegan siendo niños por las personas relevantes para nosotros. Estas creencias quedan ancladas en el subconsciente del niño a base de repetirse día a día y se incorporan al guión de vida que después sigue en la etapa de adulto.

Los *«mandamientos»* obligan a vivir una vida que no es de uno mismo, ya que implican no ser libre para decidir, y son consecuencia de esa programación temprana desde la infancia, cuando la persona no tiene capacidad de decidir por ella misma y hacer frente a los demás para reivindicar su autonomía en cuanto a la vida que desea vivir. El resultado de ello consiste en una serie de anclajes que sujetan mentalmente a la persona ya adulta, impidiendo que cambie su guión de vida o que represente otro personaje diferente del que se ha pre-establecido en la infancia.

Para superar estos anclajes y mandamientos, y re-escribir el guión de vida, hace falta una ayuda para tomar consciencia de ellos y cambiarlos. Un coach es la persona adecuada tanto para acompañar en tomar consciencia de los anclajes como para ayudar a cambiar las creencias limitantes por otras más beneficiosos para la persona. La idea es aprender a saltarse el guión de vida pre-establecido, porque en otro caso nos sucederá lo que explica Jim Rohn:

«Si no diseñas tu propio plan de vida, hay muchas opciones de que caigas en el de otros. Y adivina: ¿Qué es lo que te espera? Probablemente muy poco».

El coach es el profesional que es capaz de detectar los *«mandamientos»* o creencias que limitan a la persona y lo que facilita es que ella misma también tome consciencia de que está actuando según aquellos, en lugar de lo que realmente quiere o está en consonancia con los valores que tiene como adulto.

Para re-escribir el guión de vida, el coach alienta al cliente a tomar las riendas de su vida mientras desactiva esos «mandamientos» que le perjudican e impiden avanzar en la vida. Una vez que han sido eliminados los anclajes que atan a la persona a un guión de vida no elegido libremente, empieza la etapa de reinventarse y re-escribir el propio guión de vida, según el propósito de vida que cada uno escoja, sus intereses y necesidades vitales.

¿Cómo redefinir tu idea del éxito mediante el Coaching?

«Éxito es gustarte a ti mismo. Éxito es gustarte lo que haces y gustarte como lo haces».

Maya Angelou

Si tu idea del éxito está basada en ganar mucho dinero, tener poder, conseguir admiración, o conseguir más y más cosas materiales, te puedes acabar olvidando de tus verdaderos deseos, y de lo que en realidad te importa por encima de todo. Es así como hacer lo que nos apasiona es relegado a un segundo plano, o incluso menos que eso, y olvidado por la obligación que nos imponemos de tener que *«ganarse la vida»* y «alcanzar el **éxito**» tal y como lo hemos definido antes.

Por lo tanto, lo primero que hay que hacer es redefinir nuestra idea del éxito. Si decidimos que hacer lo que nos apasiona es lo que queremos, que quizá no necesitamos primero hacer mucho dinero, que tal vez no es tan importante conseguir la admiración de todos… empezaremos a crear un marco totalmente diferente a partir del cual descubrir nuestra verdadera **pasión** en la vida. Como nos inspira la cita de Confucio:

«Escoge un trabajo que ames y no tendrás que volver a trabajar un día en tu vida».

No obstante, tampoco pretendamos ser quienes no somos, y decir lo que no pensamos, y mucho menos creérselo. Cuántas personas dicen cosas que no sienten como:

✔ *a mí no me importa el dinero,* mientras trabajan duro para comprarse un buen coche, una buena casa, ropa de marca, se dejan el sueldo en hacer un viaje con estancia en un hotel de cuatro estrellas a la otra parte del mundo, etc.

✔ *lo único que me importa es el amor, la salud…*, pero resulta que no son nada generosas con los demás, ni siquiera se cuidan a ellas mismas porque no se quieren…

No se trata de renunciar al dinero, sino que este sea un medio, no un fin, para hacer lo que uno quiere hacer y vivir la vida que uno quiere vivir. Precisamente por esta razón, no hay que confundir dedicarse a lo que a uno le apasiona con hacerlo gratis. Nuestra cultura todavía está muy enfocada en trabajar para *«ganarse la vida»*, y eso hace que la gente distinga a:

a) Las personas que trabajan en un puesto que no les satisface completamente, con el único objetivo de conseguir dinero.

b) Las personas que trabajan en lo que les apasiona, ya sea parcial o totalmente, cuyo único fin no es obtener dinero, lo cual no significa que no lo merezcan ni que no lo quieran.

En lugar de recompensar a estas últimas por creer en sí mismas y ser brillantes en lo que hacen, una parte de la sociedad las considera una amenaza, y algunos prefieren no tomárselas en serio, afirmando que hacer lo que a uno se le da bien y le gusta es simplemente un hobby, por lo cual no merecen recibir dinero por ello. No tienen en cuenta, o no quieren hacerlo, que la persona que ofrece sus servicios personales también se esfuerza en su trabajo y dedica su tiempo, sus talentos y sus conocimientos a esa actividad, por lo que constituye claramente un trabajo.

La única diferencia entre un trabajo insatisfactorio y un trabajo satisfactorio es que quien se dedica a algo que le apasiona seguiría haciendo ese trabajo aunque no necesitara el dinero, debido a que se siente realizado y fluye con esa actividad. Para mí esa es mi idea del éxito: poder hacer lo que me gusta, como es escribir. ¿Sabes cuál es la tuya? Es muy muy importante que lo sepas… Christopher Morley lo indica también de esta forma tan clara:

«Vivir como uno desee: solo eso merece llamarse éxito».

El reto del Coaching es conectar pasión con trabajo, y aunque no es la mayoría aún, cada vez son más los profesionales que se adhieren cada día a un estilo de vida que no tiene porqué ser precisamente ostentoso y basado en lo material, sino más relacionado con disfrutar de la actividad que se está realizando. Estos profesionales prefieren *fluir con su trabajo* que buscar la satisfacción en el consumo, los viajes y las cosas materiales. Sin embargo, tampoco se trata de profesionales que busquen necesariamente el desapego del consumismo y de lo material, sino que dan prioridad a su felicidad basada en el disfrute con lo que hacen la mayor parte del tiempo, y eso que hacemos gran parte de nuestro tiempo es trabajar.

Nuevas profesiones y una cultura emprendedora caracterizan el nuevo estilo de vida de los profesionales llamados *millenials*, comprometidos con un proyecto que los tiene en cuenta, que depende de sus decisiones y les aporta realización personal, más allá de un simple sueldo. El propósito es más importante para los *millenials* que el empleo en sí mismo, por lo cual no están anclados a un empleo a menos que el mismo sea gratificante y esté conectado con su pasión. Debemos tener muy en cuenta las nuevas necesidades de estos profesionales.

Si lo pensamos, quizá las nuevas generaciones tienen su punto de razón y los que vivíamos equivocados éramos nosotros al pensar que nos teníamos que «*ganar la vida*» trabajando en algo que aunque no nos gustara, era necesario para sobrevivir y tener unos ingresos más o menos decentes. Incluso leyendo a un gurú tan consagrado como Steve Jobs uno se da cuenta de lo erróneo que ha sido el planteamiento anterior y cómo de necesario es el Coaching para reflexionar y dar un giro a la idea del éxito hacia lo que nos sugiere el mismo Steve Jobs:

«Tu tiempo es limitado, no lo malgastes viviendo la vida de alguien distinto, no quedes atrapado en el dogma, el cual es vivir como otros piensan que deberías vivir.

No dejes que los ruidos de las opiniones de los demás callen tu propia voz interior.

Y, lo más importante, ten el coraje para hacer lo que te dice tu corazón y tu intuición, ellos ya saben de algún modo en qué quieres convertirte realmente.

Todo lo demás es secundario».

La metodología del Coaching se fundamenta en descubrir tu potencial personal y tus talentos, y aprender a utilizarlos para el éxito de tus proyectos profesionales o personales.

Ese trabajo requiere de cierto compromiso con los objetivos y como también expresa Jim Rhon:

«El éxito es la aplicación diaria de la disciplina».

En Coaching no tratamos traumas del pasado ni nos centramos en emociones negativas como excusas para no hacer lo que tenemos que hacer. Al contrario, el Coaching es para aquéllos que quieren conseguir su objetivo y están dispuestos a trabajar, esforzarse y comprometerse con él.

Un coach orientado al éxito de su cliente facilita que se puedan eliminar los bloqueos que impiden que tomes las riendas de tu vida y te empoderes, y para ello te ayuda a hacerlo poco a poco, enseñándote a dar los pasos cada día. Es algo así como lo que sugiere Robert Collier en cuanto a qué es el éxito:

«El éxito es la suma de pequeños esfuerzos que se repiten día tras día».

¿Sirve el Coaching como ayuda para buscar trabajo?

«Procura conseguir lo que te gusta o te verás obligado a que te guste lo que no te gustará».

George Bernard Shaw

El Coaching es de gran ayuda en procesos de re-orientación profesional, en los que el individuo encuentra en el acompañamiento de un coach un canal para encontrar dirección en su trayectoria profesional, así como estructura y motivación para dar los pasos necesarios con el fin de lograr sus objetivos.

El Coaching da respuesta a las inquietudes de trabajadores insatisfechos en sus trabajos, con deficiencias en su realización profesional, por el motivo que sea. En este sentido, el Coaching se revela muy útil cuando, según el último *Eurobarómetro de 2014*, un 47% de los españoles que tienen un empleo están insatisfechos con sus condiciones laborales.

Lo que es cierto es que el Coaching es de utilidad para llevar a cabo cambios en el trabajo, como un cambio de puesto o una transición laboral hacia otro trabajo. Para ello, los coaches conectan a los coachees con sus pasiones, valores, necesidades y propósitos de vida. Además, como la actitud en la búsqueda de trabajo es fundamental, el Coaching puede ser de gran ayuda para mantenernos enfocados en nuestro objetivo profesional, no decaigamos y continuamente estemos dando pasos para lograrlo. El éxito se consigue con esa adecuada actitud proactiva y perseverancia en el proceso de búsqueda de trabajo, las cuales se trabajan precisamente con el Coaching.

Cuando comenzamos la búsqueda de trabajo todos tenemos en mente tener actualizado nuestro Currículum y buscar ofertas de empleo. Generalmente la búsqueda de trabajo se fundamenta en esos pilares para la mayoría de personas. Sin embargo, con el paso de tiempo esta simple estrategia puede no dar los frutos deseados. Habitualmente no se tiene claro el objetivo que se desea lograr, al margen, por supuesto, de que se quiere trabajar. Por ello el coach ayuda a clarificar cuál es el propósito de la búsqueda de trabajo, qué tipo de trabajo es el más adecuado para uno, tomar consciencia de nuestras fortalezas e incluso de nuestras debilidades, etc.

Por otra parte, a veces se detectan necesidades de formación adicionales para optar a un puesto determinado, como perfeccionar las competencias técnicas en informática o idiomas. En otros casos, lo que ocurre es que el profesional tiene falta de confianza en sí mismo y no valora adecuadamente sus competencias. El coach facilita que la persona recupere su autoconfianza, aprenda a amarse a sí misma, aún no teniendo un trabajo todavía, y aceptar su situación, por dolorosa que sea.

La labor del coach no se queda ahí, por lo menos no necesariamente. Hay casos en los que el profesional desconoce sus principales talentos, y está haciendo una búsqueda «a ciegas». El coach facilita el autoconocimiento para que uno mismo sea consciente de para qué vale, qué cualidades le hacen especial y utilizar todo ello para buscar trabajo. Presentarnos para puestos de trabajo para los cuales no somos aptos no es muy inteligente y luego en consecuencia se genera mucha frustración.

En la nueva orientación profesional, tenemos que incorporar herramientas nuevas como el Coaching, para acompañar a los profesionales a encontrarse a sí mismos cuando se encuentran en un momento de transición laboral. Cuando los coachees están perdidos en el camino de encontrar un trabajo, debemos ayudarlos a conectar pasión con trabajo, vía por cuenta ajena o por cuenta propia haciéndose autónomos o empresas.

Por otro lado, el coach nos ayuda a definir estrategias para la búsqueda de un trabajo. Las estrategias en la búsqueda de trabajo son muy importantes para tener éxito y más en un mercado laboral cada vez más competitivo. Aquellos que se preparan bien desde el principio consiguen resultados antes, y aunque parece obvio, muchos no siguen esto que es de sentido común.

Nuestro coach nos ayuda a orientar la búsqueda de trabajo y no perder el tiempo en proyectos que no nos dan resultados, ni ofertas de trabajo que no son aptas para nosotros. Además, podemos trabajar en nosotros mismos con nuestro coach para prepararnos para las entrevistas de trabajo, ya que el coach nos da feedback, y nos ayuda a mejorar nuestra seguridad en las entrevistas, para aprender a «venderse uno mismo» lo mejor posible.

Hay momentos durante la búsqueda de trabajo en los que nos sentimos algo perdidos, porque creemos que hemos hecho todo lo que teníamos que hacer y no hemos obtenido los resultados deseados, y no sabemos muy bien cómo continuar. Cuando hemos perdido el rumbo y necesitamos recuperar la confianza y la motivación en la búsqueda de trabajo, una buena forma de conseguirlo es sin duda buscarnos un coach.

Una clienta dudaba de si había elegida la carrera correcta, estaba sin trabajo cobrando el paro y tenía miedo de volver a trabajar debido a sus experiencias insatisfactorias anteriores. Lo cierto es que me he dado cuenta que es bastante frecuente encontrarme con clientes insatisfechos porque no han logrado autorrealizarse en sus trabajos. El motivo por el que vienen a verme es porque quieren algo más que conseguir un trabajo, necesitan sacar afuera esas experiencias de insatisfacción y abrirse camino hacia un futuro laboral más satisfactorio. La clave está en persistir y no abandonar.

¿Cómo descubrir tu vocación y qué conexión tiene con el Coaching?

«¿Por qué no todo el mundo trabaja en lo que le gusta? (...) En la actualidad, todos tenemos la libertad para formularnos esa pregunta. Pero, por desgracia, son muchos los que no conocen la respuesta, sencillamente porque nadie les ha enseñado a obtenerla».

Esta cita del libro de Arnie Warren *Los Tres Pasos. Un relato imprescindible para definir nuestra verdadera pasión laboral (Find Your Passion)*, sirve para reflexionar sobre la vocación y cómo llegar a descubrirla. Quizá muchas personas ni siquiera se han planteado nunca cuál es su vocación, o habiéndolo hecho, no han dado con la forma de encontrarla.

La vocación es aquello para lo que estamos hechos, teniendo en cuenta nuestro carácter y nuestras capacidades, lo que nos ilusiona y haríamos incluso si no ganáramos dinero por esa actividad. Es por ello que no tiene porqué ser lo que haga otro, ya que lo que le hace feliz a tu vecino, por ejemplo, no tiene que ser lo mismo que te llena a ti.

Al encontrar nuestra vocación, podremos dedicarnos a lo que nos gusta y para lo que servimos mejor, siempre y cuando encontremos una necesidad a cubrir en el mercado, si es que queremos vivir de ello. Como hace muchos años ya señaló el filósofo Aristóteles:

«Donde su pasión se conecta con las necesidades del público, esa es su vocación».

Esto nos lleva a afirmar que buscar nuestra vocación no implica olvidarnos ya para siempre de trabajar y ganar dinero. En absoluto, ya que todos necesitamos sobrevivir y pagar gastos en la sociedad en la que vivimos. De lo que se trata es de «emplearnos» en aquella actividad que mejor se nos da, en la que podemos servir mejor a la sociedad, porque daremos lo mejor de nosotros. Así que no tenemos que ser mendigos ni pasar a ser dependientes de otros, sino al contrario, pues ahora vamos a aportar a la sociedad algo que necesita y es lógico que ella nos gratifique por ello, para que podamos seguir haciéndolo y beneficiando a los demás.

La búsqueda de una vocación puede ser a veces más larga de lo que uno desearía. Cuando uno nunca se ha preocupado suficiente por encontrar sus deseos y sus pasiones, perdiendo de esta forma el contacto con su interior, es normal que le cueste conectar de nuevo con sus intereses y sueños.

Desde hace tiempo busqué mi vocación, a lo que me quería dedicar, y durante un periodo largo de tiempo, o para mí se me hizo largo, me encontré desorientado y confuso. Busqué entonces un acompañamiento para orientarme mejor. Hoy en día sé que es normal que nos encontremos algo inseguros y desorientados por la incertidumbre de reconocer que no sabemos hacia dónde vamos exactamente. También nos sentimos confusos porque nos estamos cuestionando nuestro modo de vida, y eso puede dar mucho miedo. Barajar otras opciones hasta decidir nuestra elección idónea implica pasar un tiempo en esa incertidumbre, y hay que aprender a convivir con ella.

Cuando no estamos acostumbrados a considerar nuestros deseos, se hace difícil de entrada encontrar nuestra pasión, nuestra vocación, o sea, lo que deseamos para nosotros realmente. Pero si no vivimos por nuestros deseos, ¿qué sentido tiene la vida? Recordemos la frase de George Bernard Shaw:

«Mientras tenemos un deseo, tenemos una razón de vivir. La satisfacción es la muerte».

Sin embargo, poco a poco podemos empezar a descubrir las cosas que nos interesan. Se trata de focalizar la atención hacia nuestro interior y hacernos preguntas acerca de cómo sería nuestro sueño y cómo lo podríamos alcanzar. Este camino lo podemos hacer acompañados de un coach, que es la persona que facilita este proceso haciendo *preguntas poderosas* para que una persona pueda aclarar sus ideas, visualice su sueño y planifique la acción para alcanzarlo. El apoyo emocional y la guía profesional son de gran ayuda para lograr nuestro objetivo.

Como decía antes, descubrir lo que deseamos con pasión puede suponer periodos de confusión, «equivocarnos», y tener que redefinir nuestro sueño. De esta forma, poco a poco nos vamos acercando a donde realmente deseamos estar, aprendiendo del proceso, pero es necesario dar el paso y **pasar a la acción**, a pesar del miedo y la confusión iniciales.

Para encontrar mi vocación tuve que conocerme más a mí mismo para empezar. Una buena forma es leer mucho y descubrir lo que nos interesa y nos inspira. Ahora bien, la mejor forma es combinarlo buscando ayuda profesional, la de alguien que tenga la maestría para orientarnos y facilitar nuestro autoconocimiento. Necesitamos un *espejo* que nos aporte nuevas perspectivas, nos facilite detectar creencias limitantes que impiden nuestro crecimiento personal, aporte el feedback necesario para avanzar y desatascar nuestros bloqueos mentales, de forma que podamos explorar nuevos territorios saliendo de nuestra *zona de confort*.

Es por ello que, en el proceso de encontrar nuestra vocación, necesitamos perder el miedo a probar cosas nuevas y a poner en cuestión ciertas creencias o pensamientos que nos han acompañado hasta ese momento, pero que nos están impidiendo conectar con nuestra vocación.

¿De qué forma sirve el Coaching para superar los miedos?

«Sé osado y fuerzas poderosas te acompañarán».

Mark Twain

El miedo o temor es una emoción caracterizada por un intenso sentimiento habitualmente desagradable, provocado por la percepción de un peligro, real o supuesto, presente, futuro o incluso pasado. Este miedo impide que nos centremos en lo que verdaderamente queremos en la vida, y por ello es tan perjudicial. En este artículo vamos a ver las sugerencias de varios expertos para superar los miedos, y que sin duda te pueden ayudar si las pones en práctica en tu vida.

El miedo crea excusas para no movernos de nuestra *zona de confort* e ir en busca de nuestros sueños. Las personas que se dejan llevar por sus miedos no quieren arriesgarse y, como no confían suficientemente en ellas mismas, prefieren inventar cientos de excusas para no hacer lo que tienen que hacer para conseguir sus objetivos. Jim Rohn nos lo explica también así:

«Si realmente quieres hacer algo, encontrarás un camino. Si no quieres, encontrarás una excusa».

En el Coaching es imprescindible desterrar los miedos del territorio por el que vamos a caminar, o en caso contrario, será muy difícil llegar a alcanzar la meta. Si a cada paso nos encontramos con nuestros miedos, difícilmente vamos a seguir avanzando. Y si el temor que se impone es el miedo al fracaso, con más motivo van a surgir las excusas para abandonar el camino. Recordemos pues la frase de Paulo Coelho:

«Solo una cosa convierte en imposible un sueño: el miedo a fracasar».

En nuestros sueños vemos reflejada la ilusión por conseguir algo que deseamos fervientemente, pero la duda y el miedo obstaculizan que demos los pasos necesarios. Si nos dejamos llevar por la dinámica del miedo, perdemos el control de nuestra vida al hacer caso de especulaciones temerosas de qué pasaría si pruebo a hacer lo que quiero hacer. Pre-ocuparnos constantemente evita disfrutar y encontrar la motivación que nos hace falta para ir en busca de nuestros sueños. Así, si eludimos la preocupación y hacemos más uso de la ocupación, apostamos por estar activos, tomar decisiones y acciones encaminadas a conseguir nuestros objetivos, en lugar de evitar aquello que nos da miedo.

Porque, ¿de qué sirve desear y no hacer nada para lograrlo? Es así como muchas veces el ser humano en la sociedad actual se desconecta de sus deseos para no sentir el sufrimiento y la frustración de no cumplir sus sueños. Es insoportable saber que podemos luchar por nuestros sueños, pero tener tanto miedo que no nos atrevemos. Por ello, a veces nuestro cerebro se inventa incluso creencias irracionales para justificar que no podamos conseguir lo que queremos, cuando lo que deseamos no es realmente un imposible, sino que es cuestión de afrontar nuestros miedos.

Elegir el miedo en tu vida, tarde o temprano te hace caer en el resentimiento, el remordimiento y el arrepentimiento de no haber luchado por aquello que pudo haber sido y no fue, ya que no te atreviste a intentarlo por culpa del miedo a perder o fracasar. Sin embargo, en realidad cuando empezaste a fracasar fue en el momento que dejaste de vivir por tus sueños y vencieron tus miedos.

¿Cuántas puertas has cerrado por miedo a arriesgarte? ¿Cuántas veces has muerto por dentro, sencillamente por sentir temor a abrir la puerta que conducía a cumplir tus sueños? La mente es manipulada muy fácilmente por el miedo y mediante la duda te engaña y hace creer que ocurrirá lo peor si intentas cualquier cosa. Te anticipa un resultado dando por hecho que será negativo, cuando en realidad ese resultado es incierto, porque desconocemos lo que sucederá en el futuro. Cometer ese error y no tomar conciencia de ello a tiempo, solo te conducirá a que el miedo se apodere de ti y dejes de ser libre para elegir.

Pero, ¿cómo puedo superar mis miedos y alcanzar mis sueños? Podemos afirmar que la mejor forma de vencer tus miedos consta de 2 fases:

1ª- *Tomar consciencia* de que están ahí esos miedos, escuchar y sentir que te están transmitiendo.

2ª- *Encarar los miedos* y pasar a la acción a pesar de ellos

Si dejas de entregar tu poder al miedo, recuperarás definitivamente las riendas de tu vida para llevar a cabo los proyectos que te propongas. No es que nunca volverás a sentir miedo, sino que a partir de entonces siempre serás capaz de luchar por tus sueños aunque tengas miedo, por lo cual ya no será un impedimento. Y es que detrás de cualquier miedo hay también un fuerte deseo, por lo que explora tus miedos y averigua cuál es. Cuando conviertas esta dinámica positiva en algo normal de tu vida, notarás que eres más seguro de ti mismo/a y tienes más coraje para explorar y atreverte con más cosas. Es el Coaching lo que te pueda ayudar a «alcanzar el cielo» cuando dejas de eludir la responsabilidad de tu vida y empiezas a invertir en ti, sobreponiéndote a tus miedos, tal y como explico también en mi obra *Supera tus miedos y alcanza tus sueños* y que Susan Jeffers expone así:

«Si usted supiera que puede afrontar cualquier cosa que se interponga en su camino... ¿Qué tendría que temer? La respuesta evidentemente es: Nada».

¿Qué competencias se pueden desarrollar a través del Coaching?

«El liderazgo es liberar el potencial de las personas a ser mejores».

Bill Bradley

El Coaching tiene como objetivo básico facilitar que una persona o equipo libere su potencial. Es por ello que el Coaching es una metodología muy eficaz para el desarrollo de competencias personales y profesionales. Puesto que el enfoque del Coaching está en la persona y sus características específicas, la tarea consiste en enseñar a la persona a que descubra ese potencial dentro de sí misma y aprenda a utilizar y perfeccionar esas competencias que ya tiene bastante desarrolladas. En otros muchos casos, es necesario o recomendable que la persona desarrolle competencias con las que todavía no se desenvuelve bien.

A continuación, te presento las distintas competencias, distinguiendo entre competencias personales y competencias sociales:

Competencias Personales

- **Inteligencia emocional**: habilidad para tomar consciencia de nuestras emociones (miedo, tristeza, alegría, enfado, etc.) y saber gestionarlas.

- **Autoconfianza y Autoestima**: creer en uno mismo, valorarse y aceptarse, con confianza en afrontar las vicisitudes de la vida.

- **Actitud positiva:** capacidad para afrontar los contratiempos y dificultades con pensamientos y comportamientos favorables al logro de objetivos.

- **Motivación**: capacidad para «moverse» hacia el logro de resultados, sacar energía para luchar por alcanzar las metas.

- **Iniciativa**: capacidad de tomar acción con rapidez para resolver problemas o conseguir el logro de un objetivo.

- **Organización y gestión del tiempo**: tomar consciencia de en qué invertimos nuestro tiempo para organizar nuestra agenda.

- **Gestión del estrés**: capacidad para afrontar el día a día con menor pesadumbre y ansiedad, recuperar la paz interior, conseguir calma y bienestar.

Competencias Sociales

- **Asertividad**: capacidad para defender nuestros derechos y expresar nuestras opiniones y necesidades, sin agresividad ni herir a los otros, pero tampoco dejando que nos pisoteen.

- **Comunicar eficazmente**: capacidad para hacer llegar un mensaje eficazmente, de forma compresible para cada receptor, e incluso atraerlo y persuadirlo con la oratoria.

- **Empatía**: capacidad para entender el punto de vista de los demás, ponerse en su lugar, sin por ello tener que compartir su forma de comportamiento, actitud, etc.

- **Gestión de conflictos**: habilidad para hacer frente a los conflictos en las relaciones interpersonales, y consiste en lugar de tratar de ocultar el conflicto, tomar las riendas para solventarlo.

- **Liderazgo**: habilidad para mover a otras personas, inspirarlas y que tomen una acción deseada.

- **Gestión de equipos**: capacidad para dirigir a los miembros de un equipo hacia la consecución de objetivos.

- **Coaching**: capacidad para entrenar a otras personas o equipos para que desarrollen su potencial y mejoren el uso de sus habilidades.

3

FUNCIONAMIENTO Y BENEFICIOS

La Estructura de la Sesión de Coaching

«Nunca vas a poder cruzar el océano hasta que tengas el coraje de dejar de ver la costa».

Cristobal Colón

Podemos estructurar las sesiones de Coaching en 5 pasos generales, que son los siguientes:

1- **Asunto que se quiere tratar en la sesión**. El cliente expresará qué problema o meta quiere abordar.

2- **Definir el objetivo**. Qué es lo que se quiere conseguir, en concreto, en la conversación. Se trata de concretar el objetivo del cliente y cómo lo va a conseguir, a través de preguntas que el coach va formulando adecuadamente.

El cliente debe saber cómo va a notar que está consiguiendo lo deseado. Para ello, veremos en el próximo apartado qué requisitos deben cumplir los objetivos establecidos en la sesión de coaching. Además hay que tener en cuenta qué es lo que significa realmente el objetivo propuesto para la persona, profundizando en sus valores.

3- **La realidad**. El cliente tiene que determinar qué le está sucediendo en el presente respecto a lo que se está tratando. El coach ayuda al cliente a analizar la situación actual, para tomar consciencia de información que pueda ser útil para conseguir el objetivo y para el cambio que se desea.

Hay que identificar claramente qué circunstancias se están dando en el entorno, que están dificultando conseguir el objetivo que se desea. Se trata de que, a través del análisis, la persona pueda ver la realidad con la mayor objetividad posible, y de esa manera se puedan empezar a descubrir nuevas perspectivas y encontrar soluciones.

4- **Opciones.** Tratar las posibles opciones o alternativas que tiene el coachee para conseguir su objetivo. Se explora la situación actual desde diferentes perspectivas para así ampliar el abanico de posibilidades de la persona para afrontarla y dirigirse a la consecución de su objetivo. Por supuesto, es cuestión de motivar al cliente para que profundice en las diferentes opciones que podrían servirle para alcanzar su meta.

Se mira de encontrar recursos y capacidades que el cliente ya tiene, aunque no sea totalmente consciente aún de ello y que los puede utilizar para hacer los cambios que necesita. Hay que hacer posible que el coachee piense en cómo a través de sus recursos puede conseguir sus objetivos. Identificando aquellos recursos y habilidades de que dispone el coachee, le puede ayudar a tomar acciones lo antes posible.

5- **Compromiso y cierre.** Cada sesión debe finalizar con uno o varios compromisos por parte del coachee:

- Qué va a hacer, cuál es la acción que va a tomar.

- Compromiso con el objetivo final del proceso de coaching.

- Una vez expuestas las opciones y escogida la que el cliente ha considerado la más adecuada, él tiene que pasar a la acción. El coach se tiene que asegurar que el cliente tiene claro lo que se ha tratado en la sesión y las conclusiones a las que se ha llegado, para que pueda pasar al plan de acción.

- Facilitar que se encuentren motivaciones con el fin de que el cliente tome acción para lograr su objetivo.

- Explorar los beneficios que obtiene el cliente al realizar las sesiones de coaching.

- El coach invita al cliente a que anote en su agenda la acción que se ha comprometido a realizar, concretando una fecha o un plazo para llevarla a cabo.

- Analizar el coste que supone para la persona emprender las acciones a las que se ha comprometido.

Y unas cuantas consideraciones más en lo que concierne al cierre de la sesión:

- Conviene preguntar al coachee cómo se siente con la sesión y si necesita alguna otra cosa sobre el tema tratado, si requiere profundizar más o explorar más alternativas, etc.

- El cliente debe salir de la sesión con el objetivo bien claro, conociendo los recursos con los que dispone y con el compromiso de una acción concreta en una fecha o plazo determinado.

- Es importante que en otra sesión de coaching, transcurrido algún tiempo, se analicen los resultados, y en caso de que no se hayan producido los esperados, tener en cuenta otras nuevas alternativas, reconsiderar las acciones más apropiadas para conseguir el objetivo, etc.

- Cerrar la sesión con una fecha para una siguiente sesión o un compromiso de acordar una fecha en un momento determinado.

¿Cómo ayudamos en Coaching a definir un objetivo del coachee?

«Cuando el hombre no se encuentra a sí mismo, no encuentra nada».

Goethe

Sin duda, la mejor forma de definir tu objetivo profesional es que consideres tus valores, deseos y talentos. El objetivo que concretes debe configurarse entorno a esas cosas, teniendo en cuenta, eso sí, la realidad de cada momento. Debes considerar que tu objetivo tiene que cumplir unos requisitos:

1. Ser relevante (tenga respuesta a ¿Para qué?)

2. Formulado en positivo (señalando lo que quieres y no lo que no quieres)

3. Medible, específico y concreto

4. Expresado en presente

5. Propio (ser enteramente tuyo y no de otros),

6. Ecológico (que no entre en conflicto con otros valores u objetivos)

7. Autónomo (que dependa de ti, de lo que tú puedes hacer, que sea algo que esté en tu control llevarlo a cabo)

8. Con fecha o plazo de ejecución definido

Definir tu objetivo es una tarea fundamental, que merece toda la atención para que te centres en lo que sabes hacer y te apasiona. Si consigues clarificar y especificar lo que quieres vas a poder:

✔ Tener la suficiente **autoconfianza** para luchar por ello y convencer a los demás de que lo mereces.

- ✔ Estar enfocado en tu objetivo aumenta la eficacia , porque vas directo a lo que quieres conseguir, sin despistes o confusiones que pueden alargar y complicar el camino por falta de orientación.

- ✔ Si sabes lo que quieres, puedes tener éxito y conseguirlo porque podrás estar atento a las oportunidades que puedan surgir.

Sin embargo, los resultados en sí no son el objetivo, sino el disfrutar del trayecto que supone el proceso de transformación de un proceso de coaching, así que recuerda siempre esta cita del orador motivacional Jim Rohn:

«El mayor valor en la vida no es lo que obtienes. El mayor valor en la vida es en lo que te conviertes».

En realidad, el proceso de transformación personal es lo que caracteriza predominantemente en el Coaching. Sin embargo, esa transformación no va directamente ligada a la obtención de los resultados que desea obtener el coachee en un principio. Los resultados esperados pueden aparecer o no. Es posible que aparezcan otros, y la magia del Coaching es cuando a veces se logra algo diferente de lo que se espera, pero que en realidad es lo que necesita el cliente.

En cualquier caso, definir un objetivo es una parte fundamental del proceso de coaching, ya que sin él no se puede ir a ninguna parte.

¿Cómo funciona el Coaching para ser efectivo?

«El mejor momento para plantar un árbol fue veinte años atrás. El segundo mejor momento es ahora».

Proverbio chino

El anterior proverbio nos avisa que no debemos perder el tiempo y tomar acción cuanto antes para lograr nuestros objetivos. Pero, ¿cómo lograrlo? ¿Por dónde empezar? ¿Y cómo funciona el Coaching?

El Coaching se vale de lo que denominaremos los 7 *pilares estratégicos* para ser efectivo y proveer de beneficios a sus clientes:

1. Identificar y clarificar lo que el coachee desea realmente.

2. Crear y desarrollar estrategias que faciliten al coachee la consecución de sus objetivos.

3. Mantener enfocado al coachee en lo que quiere lograr.

4. Eliminar miedos, distracciones o bloqueos que puedan desviar al coachee de su camino, o que incluso pudieran obstaculizar que el coachee diera los pasos necesarios para alcanzar sus metas.

5. Facilitar el desarrollo de capacidades y fortalezas necesarias para avanzar en el camino hacia la meta.

6. Provocar cuando proceda la automotivación del coachee para que obtenga la energía para moverse y tomar acción.

7. Retar al coachee a que haga más, y que no se acomode demasiado rápido.

El Coaching ocurre dentro de una conversación donde aparecen compromisos mutuos:

- *De parte del coachee*: El compromiso de un resultado extraordinario, la honestidad de lo que ocurre, y su disposición hacia el logro.

- *De parte del coach*: El compromiso con el resultado de su coachee más grande que el del coachee mismo.

Ello significa que el coach tiene una manera peculiar de escuchar, donde es capaz de darse cuenta de sus propias opiniones del coachee, y de las opiniones que el coachee traiga en su historia. El coach sabe que la acción está en el lenguaje , y por ello sabrá pedir acción a su coachee y se focalizará en sus resultados.

En ocasiones los coaches trabajan también con los estados de ánimo, aunque los coaches saben que el compromiso tiene que ser más grande que el estado de ánimo. De otra manera, únicamente haríamos aquello que «nuestros días buenos» nos permitan. El coach aboga por la disciplina para cumplir con nuestros compromisos. Pero se trata de una disciplina autoimpuesta, para alcanzar nuestras metas, no las del coach.

Se dice que el coach encara cada resultado extraordinario a conseguir como quien inicia un juego. Él establece reglas, determina cómo se hace un gol y cómo se gana el juego. También se encarga de que, cuando ese juego se termina, se declare así y llama entonces a un juego nuevo más grande.

Si bien no podemos imaginar una obra de teatro sin un director, un jugador profesional de cualquier deporte sin un coach, nos cuesta imaginarnos a un empresario, a la gente de una empresa o a un profesional con un coach. Sin embargo, todos podemos comprender que uno mismo no se puede ver en acción. Esa es la razón fundamental por la que en las artes y en el deporte nadie se imagina competir para ganar sin un coach, ya que necesitamos de esa mirada exterior para obtener otra perspectiva y diseñar estrategias. Esa es la mirada del coach, y sirve tanto para una empresa que quiere obtener los resultados que nunca obtuvo antes, como para una persona que quiere rediseñar su vida.

¿Cómo salir de la zona de confort desde la perspectiva del Coaching?

«Si quieres lograr lo que no tienes, tienes que hacer lo que nunca has hecho».

Carlos Ferro

La *zona de confort* que nos hace sentir tan cómodos nos ahoga y reduce nuestras posibilidades en la vida, pero el miedo es muy poderoso y nuestro mayor obstáculo para obtener logros y éxitos, tanto personales como profesionales. Así pues, no podremos salir de nuestra *zona de confort* sin vencer antes el miedo.

Estar en tu *zona de confort* no es malo de por sí siempre y cuando estés contento con tu vida y todo aquello que se encuentra en esa zona te llene plenamente, pero igualmente no deja de ser limitante que no aceptes nuevos retos en tu vida. Por lo tanto, diríamos que lo menos conveniente es estar demasiado tiempo en la *zona de confort*, y no dar el paso a ampliar nuestra *zona potencial*, para de esta forma aumentar nuestro desarrollo como personas.

El gran problema o reto según la perspectiva con que lo miremos, es vencer el miedo que nos impide salir de nuestra *zona de confort*, sobre todo cuando este miedo impide que podamos ser plenamente felices. Cuando de expandir nuestra *zona de confort* se trata, no hay nada mejor que atreverse a explorar, tomar decisiones y llevarlas a la acción, nada de quedarse parado pensando en lo malo que puede ocurrir si…

Al contrario, la acción acaba con la parálisis y el miedo, pero no nos precipitemos, antes de emprender un camino, es recomendable que preparemos un plan de acción, unos pasos a seguir, organizar nuestro proyecto, definir unos objetivos, etc. Es lo que se hace precisamente en un proceso de coaching, que consiste en facilitar que una persona alcance su potencial pasando de una situación actual limitada y no satisfactoria a una situación futura de desarrollo y mayor realización personal.

Es posible que hasta en tu trabajo te encuentres anclado en tu *zona de confort* cuando sientes que estás estancado, que todo es ya rutina y que no avanzas, no aprendes nada nuevo y no hay expectativas de cambio y mejora profesional. Estas señales indican falta de motivación en tu trabajo y que necesitas hacer un cambio y expandir tu *zona de confort*, quizá buscándote un nuevo trabajo, estudiando algo que te permita acceder a un puesto de trabajo mejor, aprender nuevas habilidades, etc.

Cada vez que tengas miedo, no lo dudes, ahí hay algo interesante que descubrir en tu vida, un sueño por cumplir, un deseo que hacer realidad… No hay indicio más potente de que nos estamos perdiendo algo que el mismo miedo que sentimos por probar cosas nuevas o por fracasar y no conseguirlo. Cuanto más miedo sentimos, más ansiamos lograr ese sueño y más difícil se nos hace traspasar nuestra *zona de confort*, pero no nos engañemos, no hay otra forma de lograr lo que queremos que arriesgarnos y aceptar el reto de caernos, de sentir dolor, y de «*rompernos*».

A medida que vamos experimentando, nos vamos reinventando en una versión mejorada de nosotros mismo, y esa reinvención no es posible sin pasar por equivocaciones y fracasos, porque es lo que nos permite darnos cuenta de lo que queremos realmente y de qué no tenemos que hacer, o qué debemos evitar si queremos conseguirlo. Conforme expandimos nuestra *zona de confort* mediante esa experimentación, nos convertimos en personas más completas, sabias, fuertes, seguras…

Para afianzar nuestra personalidad y nuestros marcos mentales tenemos que hacer cosas a las que no estamos acostumbrados, que nos causan miedo, vergüenza o incomodidad. Precisamente haciendo aquello a lo que no estamos acostumbrados, además de vivir muchas nuevas experiencias y aprender de ellas, conseguimos abrir la mente y dotarnos de mayor personalidad. Eso sí, cuidado con las expectativas cuando esperamos resultados en cuanto a situaciones y personas, porque si nos creemos que al salir de nuestra *zona de confort* vamos a conseguir lo que queremos automáticamente, probablemente nos dirijamos hacia la frustración personal.

¿Qué beneficios tiene el Coaching?

«Tú ya eres esa persona brillante y radiante; de hecho, lo cierto es que yo no puedo hacer de ti algo o alguien que no seas ya. Pero, en cambio, sí que puedo sacar más de ti. Mi talento consiste en asegurarme de que valoras lo que ya eres y de que vivas una vida digna de tu persona».

En el primer capítulo de *Coaching en 10 minutos*, titulado *La vida es preciosa*, la autora y coach nos evoca con la frase anterior la esencia del Coaching. De hecho, el Coaching es una forma avanzada de comunicación para ayudar a que una persona genere un resultado deseado a través de la creación de conciencia, la producción de soluciones a los problemas y la estimulación a la acción. El Coaching no enseña sino que facilita que una persona aprenda de sí misma, encuentre sus propias respuestas y desarrolle todo su potencial personal.

Una persona u organización contrata a un coach para hacer un cambio, alcanzar una meta, resolver un problema o beneficiarse de una oportunidad. Podemos obtener lo que queremos de forma más sencilla, fácil y rápida con un coach que nos apoya y ayuda a conseguir los mejores resultados. Y, ¿cómo lo hace? Veamos:

- ✔ Ayuda a una o varias personas a fijar mejores metas y alcanzar dichas metas.
- ✔ Pide al cliente que haga más de lo que hubiera hecho solo.

✔ Ayuda al cliente a ser más concreto para que los resultados sean más rápidos.

✔ Provee a la persona con herramientas, apoyo y estructura para conseguir más de la vida.

✔ Estimula su responsabilidad, la toma de las riendas de su vida y el compromiso con su objetivo.

Los beneficios que te aporta el Coaching se hacen visibles y tangibles de diversas formas:

1. Profundizas en tus situaciones personales.

2. Clarificas tus ideas. Obtienes claridad mental. Se disuelven las dudas y uno sabe lo que quiere en la vida.

3. Estimulas tu autoconocimiento

4. Ganas confianza en ti mismo y en lo que quieres. Además, eres consciente de tu valor como persona y aprendes a aceptarte a ti mismo/a.

5. Descubres talentos que tenías ocultos.

6. Aumentas tu creatividad.

7. Obtienes tus propias respuestas.

8. Encuentras soluciones a tus problemas.

9. Recuperas tu ilusión por el trabajo y tu carrera.

10. Comienzas una nueva vida profesional apasionante, mejoras en tu trabajo, etc.

11. Te liberas de creencias, bloqueos y lazos que te atan y te impiden progresar, tanto en tu vida personal como profesional.

12. Libertad. Al superar bloqueos y creencias limitantes que te impedían ser libre, ahora puedes elegir hacer lo que quieres y tomar las riendas de tu vida.

13. Te mantienes centrado en crear lo que deseas. Recibes estructura para tu proceso de superación personal.

14. Mejoras tu calidad de vida.

15. Conectas con tu pasión y encuentras una vocación.

16. Alineas tus objetivos profesionales con los personales.

17. Mejoras tu desempeño, consigues superar las expectativas y ser más eficaz.

18. Mayor capacidad de aprendizaje.

19. Capacidad de adaptación al cambio. Flexibilidad, resiliencia y reinvención.

20. Nuevas opciones y perspectivas.

21. Estableces objetivos, planes de acción y estrategias.

22. Feedback y seguimiento del proceso. Una parte esencial es el feedback ya que el Coaching es esencialmente comunicación, mediante la cual el coach también ofrece sus impresiones al coachee.

23. Energía y motivación para actuar y tomar decisiones.

24. Desarrollo de habilidades y competencias.

25. Reduces el estrés.

26. Mejoras tus relaciones con los demás. Capacidad de comunicación y asertividad.

Si tenemos en cuenta a la empresa, esta logra estos beneficios:

1. Mejora de la productividad y optimización de procesos.

2. Mejora de la Atención al Cliente y la relación con Proveedores.

3. Mayor compromiso de los empleados, más satisfacción en el

trabajo y menor absentismo.

4. Desarrollo de competencias profesionales de los trabajadores.

5. Incremento de la iniciativa y motivación de los empleados.

6. Resolución de conflictos interpersonales.

7. Se encuentran herramientas para adaptarse a los cambios.

8. Se generan relaciones de mayor confianza entre los miembros de la organización.

9. El desarrollo personal de los empleados permite su realización personal y felicidad.

10. Reducción de los niveles de estrés, lo cual repercute en mayor eficiencia en la realización de tareas.

11. Creatividad para innovar y resolver problemas.

12. Haces crecer tu empresa, haciendo crecer a tus empleados.

13. Desarrollas al máximo el talento de los directivos y el de sus equipos.

14. Fidelización del talento interno, colaboradores y clientes.

15. Mejora de la toma de decisiones.

En cuanto a los beneficios del Coaching que se han obtenido en el ámbito de la empresa, me voy a referir al estudio que hicieron las compañías «A Fortune 500» y Metrix Global. Estos beneficios consisten en mejoras en:

– Productividad (evaluada por el 53% de los ejecutivos)

– Calidad (48%)

– Fortaleza organizativa (48%)

– Servicio al cliente (39%)

– Reducción de quejas del cliente (34%)

– Retener en la empresa a los ejecutivos que recibieron «*coaching*» (32%)

– Reducción de costes (23%)

– Rentabilidad (22%)

Entre los beneficios obtenidos por los directivos que recibieron «*coaching*»:

– Mejoras en las relaciones de trabajo con sus empleados directos (77% de los ejecutivos)

– Mejoras en las relaciones con sus inmediatos superiores (71%)

– Trabajo en equipo más eficaz (67%)

– Mejora en relaciones con proveedores (63%)

– Satisfacción en el trabajo (61%)

– Reducción de la conflictividad laboral (52%)

– Mayor compromiso con la organización (44%)

– Mejora en las relaciones de trabajo con los clientes (37%)

El resumen ejecutivo del *ICF Global Coaching Client Study* es un informe que cada año elabora la ICF (*International Coach Federation*) junto a *Pricewaterhouse Coopers*. Según este informe, los cinco primeros motivos que declaran los encuestados para hacer coaching son, por este orden, autoestima/autoconfianza, conciliación laboral, oportunidades profesionales, gestión empresarial y relaciones. Otros motivos interesantes son los resultados profesionales, el desarrollo de habilidades interpersonales o de comunicación, la organización personal o la eficacia de los equipos.

Aunque no todos los procesos de coaching tienen por objetivo un beneficio económico para el cliente o su compañía, casi todos los encuestados declararon haber recuperado su inversión o haber recibido un retorno económico de la misma. En el caso de las compañías que iniciaron un programa de coaching, aquellas que desarrollaron herramientas para estimar su impacto financiero declararon una rentabilidad media que multiplica por siete la inversión inicial.

Por lo tanto, hemos comprobado qué importantes beneficios aporta el Coaching, más allá de la creencia que tienen algunas personas y empresas de que abordar los asuntos delicados puede causar perjuicios. En ocasiones se considera que es mejor dejar las cosas como están y no abrir «la caja de Pandora», como la solución menos mala cuando hay conflictos. No obstante, los problemas siempre acaban saliendo por un lado u otro e impiden que las empresas y personas alcancen resultados óptimos. Lo que no se resuelve se acaba enquistando y a la larga es peor. Además, que el Coaching permite crear una serie de estrategias que evitan que aparezcan conflictos cuando aún no están presentes. Como se suele decir, es mejor prevenir que curar. Si se sientan buenas bases en las vidas de las personas y en el seno de las organizaciones, es de prever que las cosas funcionarán mejor, alcanzándose las metas y el bienestar de los implicados.

Al fin y al cabo, para que las cosas mejoren y se logren resultados extraordinarios, solo hace falta que las personas se involucren en lo que están haciendo, y como dice Ruth Casey:

«Solo hace falta una persona para cambiar tu vida: tú».

4

Tipos de Coaching

Introducción a los Tipos de Coaching

«El noventa por ciento del éxito se basa simplemente en insistir».

Woody Allen

En función de los resultados que pretendamos conseguir, podemos hablar de los siguientes tipos de coaching:

- *Individualizado o personalizado:* Con él se pretende satisfacer las necesidades de un empleado concreto y desarrollar su potencial.

- *Corporativo:* Intenta cubrir las necesidades de un individuo dentro de la organización a la que pertenece.

- *Grupal:* Su objetivo es dinamizar a un grupo de personas. Se recurre al coaching de grupo para solucionar problemas o conflictos, aumentar la cohesión de los equipos de trabajo, generar ideas, etc.

- *Orientado a formación* o acciones de formación en Coaching: Se pretende desarrollar las competencias de los mandos y directivos para que sean buenos ejerciendo el papel de coach y consigan incrementar el potencial y rendimiento de sus colaboradores.

Si nos referimos al nivel de interacción que existe, podemos hablar de los siguientes tipos de coaching:

- *Coaching presencial*: La interacción se produce por medio de la presencia física del coach y coachee en el mismo lugar y al mismo tiempo.

- *Coaching a distancia*: El más habitual es el coaching telefónico. También se pueden utilizar las nuevas tecnologías, como el email, chat, videoconferencia, etc.

Cuando distinguimos los aspectos que se tratan en las sesiones, encontramos estos tipos de coaching:

- *Coaching ejecutivo*: Ayuda a los directivos a tomar decisiones y a poner en marcha la dirección estratégica de la empresa.

- *Coaching de negocios/Coaching empresarial/Coaching para emprendedores*: Se orienta a las personas en el ámbito profesional. Se utiliza generalmente para gerentes, equipos de trabajo, empresarios y/o emprendedores.

- *Coaching de equipos*: Se busca que los grupos obtengan un rendimiento mayor y que sean capaces de trabajar con armonía y eficacia.

- *Coaching de vida o «Life Coaching»*: Aborda todas las dimensiones de la vida de un cliente, tanto las personales como las laborales. Con frecuencia se incluyen dentro del Coaching de vida: Coaching personal, Coaching de carrera, Coaching financiero. Vamos a describirlos a continuación:

-*Coaching personal*: Guía a la persona a mejorar su bienestar y calidad de vida. Es ella misma quien contrata al coach. Elige lo que desea y construye con el coach un nuevo camino de realización personal.

-*Coaching de carrera o «Career Coaching»*: Orienta a las personas a buscar un empleo, cambiar su carrera, encontrar una vocación, etc.

-*Coaching financiero*: Se facilita una mejor relación con el dinero, enseñando a gestionar óptimamente las finanzas personales, no a través de consejos, sino mediante la toma de consciencia de cómo se actúa en función de creencias irracionales, para cambiarlas por otras que permitan una mayor riqueza.

¿Cómo te ayuda el coaching personal?

«De todos los conocimientos posibles, el más sabio y útil es conocerse a sí mismo».

William Shakespeare

El Coaching de Vida, «Life Coaching» o Coaching Personal, es el coaching para descubrir cómo vivir mejor, tomar conciencia de aquellas situaciones de tu propia vida y aspectos de tu persona que debes cambiar para seguir adelante, debido a que en estos momentos te están frenando.

Mediante ideas, conceptos y herramientas diversas, el coach personal te facilita que puedas tú mismo desenvolverte en esas situaciones complicadas y, al mismo tiempo, logres motivarte para que despiertes y desarrolles todo tu potencial.

Un buen coach personal puede ayudarte a motivarte para tomar acciones y hacer los cambios que necesitas. De esta forma se consigue acelerar el proceso de cambiar tu vida para mejor.

Sin duda, la necesidad de cambio surge a raíz de que no vives como quieres, quizá te gustaría conseguir algún sueño, o crees que en la vida hay algo más… En realidad, son pensamientos que todos tenemos o hemos tenido antes de pasar por nuestra transformación personal. La transición es conveniente realizarla con otra persona que ya haya pasado por ello, un especialista del cambio como es el coach.

Tener una conversación semanal o quincenal con tu coach sirve para no atascarte ni rendirte en este proceso de transformación personal. Te ayudará a trabajar con los bloqueos, los desafíos o problemas que encuentras al trabajar en un gran objetivo o proyecto. El coach también te facilitará que encuentres la confianza y la motivación para realizar los cambios que necesitas hacer, pero que por algún motivo no has hecho aún, tal vez porque necesitabas este «empujoncito» que te da el coach.

Posiblemente necesites *rediseñar* tu vida y eliminar «*ladrones de tiempo*». Cuando nuestras vidas están demasiado ocupadas y complicadas, perdemos de vista lo realmente importante. Nos distraemos por lo urgente, las pequeñas metas, proyectos o personas. Cuando simplificas tu vida y liberas tiempo para trabajar en ella y en tus metas más grandes, es más fácil estar enfocado y lograr resultados.

El éxito según el *coaching de vida* es vivir tu propia vida a tu manera. El coach te orienta para que tú mismo descubras cuál es tu propósito de vida, según tus valores personales. De esta manera puedes pasar a vivir una vida que merezca la pena, porque vives según lo que te importa de verdad a ti. Se trata de tu elección, y el coach es solo un canal para que lo consigas. Entonces abandonas la «*zona de confort*» y dejas de perseguir lo que quiere «la masa» o un estilo de vida que no necesariamente te reporta felicidad, sino solo complacencia o compensación por no ser plenamente feliz.

El Coaching nos sirve para cambiar nuestro guión de vida, y por ello se considera al Coaching como una guía para cambiar tu vida paso a paso, a través de autoconocimiento, toma de consciencia y acción.

El coach personal puede ayudarte a crear la vida que deseas vivir a través de los 4 puntos siguientes:

✔ **Mejorar tu Calidad de Vida**: Te conoces mejor y sabes lo que quieres, aumentas tu Autoestima, aprendes a comunicarte mejor y ser más asertivo, consigues conciliar mejor tu vida personal y profesional.

✔ **Conseguir un mejor desempeño en tu trabajo:** Tus relaciones profesionales mejoran, te sabes organizar, gestionas tu tiempo, controlas tu estrés, te sientes más motivado y capaz de liderar a otros.

✔ **Alcanzar una nueva meta profesional:** Consigues promocionarte en tu trabajo o te decides a ir en busca de un nuevo trabajo con más posibilidades de progreso profesional, para lo cual cuentas con la orientación y apoyo de tu coach.

✔ **Llevar a cabo un nuevo proyecto profesional:** Reorientas tu carrera profesional, o decides montar tu empresa, encuentras una nueva pasión o vocación, etc.

Debido a que buscar trabajo se ha convertido en un reto difícil y complicado, determinado por los grandes cambios que se están produciendo en nuestra sociedad, no cabe duda que cualquier ayuda supone una ventaja competitiva. El Coaching te ayuda a tomar conciencia de tus habilidades, de lo que quieres conseguir, de qué te hace falta, si necesitas formarte o no en algo, qué posibilidades tienes, cómo crear una buena imagen profesional, cómo crear tu marca personal, etc.

No obstante, tener un propósito claro no va a ser suficiente para lograr la transformación y los resultados deseados. Luego viene una segunda fase en la cual tienes que crear tu propio camino para alcanzar lo que deseas. En palabras de Antonio Machado:

«Caminante no hay camino, se hace camino al andar».

Hacerte tu camino es diseñar un plan de acción y actuar. Con tu coach personal elaborarás el mejor plan posible y entonces actuarás con mayores probabilidades de logro. La responsabilidad no debe paralizarte por el miedo, ni las caídas debidas a errores o fracasos hacerte desistir de tu empeño por lograr tus sueños. Es más, creer en ellos y perseverar a pesar de lo que sale mal constituye la clave del éxito, como nos señala Robert Kiyosaki:

«Los ganadores no tienen miedo de perder. Los perdedores sí. El fracaso forma parte del proceso de éxito. La gente que evita el fracaso también evita el éxito».

Como todos tenemos que reinventarnos alguna vez o varias en el mundo en que vivimos, necesitaremos a alguien que lleve la conversación por buen camino, nos ayude a tomar consciencia, actúe como *espejo*, como acompañante para nuestras emociones, y apoyo para estimular nuestra motivación.

Parece que los resultados de varias investigaciones avalan la necesidad del Coaching para tener éxito en el logro de nuestros objetivos. En palabras de Juan Carlos Cubeiro, presidente de honor de la asociación española de coaches profesionales AECOP:

«Según distintas investigaciones, cuando una persona trata de mejorar por sí misma sin la ayuda de un profesional con quien dialogar, lo consigue en menos de un 10% de los casos (...) Cuando un individuo lo hace a través de un proceso de coaching serio, riguroso, profesional, realizado por un experto, alcanza los objetivos que deseaba en más del 85% de los casos».

Una de mis clientas tenía un problema de comunicación con su jefa, y estaba realmente afectada emocionalmente por cómo ello estaba afectando a su desempeño en el trabajo, así como a su vida personal. El soporte que le di es más que escuchar y hacerle preguntas, porque en ocasiones tenemos que adaptarnos a necesidades emocionales de las personas y saber reconocerlas, ayudándolas a recuperar su Autoestima y de esta forma sacar fuerzas para afrontar sus problemas. Esta clienta logró su objetivo al tomar medidas para implicar a los Recursos Humanos de su empresa y solucionar el problema de comunicación con su superior. De esa manera, consiguió mantenerse en su puesto de trabajo, donde realmente estaba bien y le gustaba lo que hacía, simplemente poniendo solución a lo que le creaba insatisfacción.

¿En qué consiste el coaching ejecutivo?

«No basta saber, se debe también aplicar. No es suficiente querer, se debe también hacer».

Goethe

Según un artículo de *Harvard Business Review*, hace diez años la mayoría de empresas contrataban los servicios de un coach para solucionar comportamientos tóxicos de los ejecutivos y directivos. En cambio, hoy en día la mayoría de procesos de coaching se enfocan en el desarrollo de las capacidades y el potencial de los profesionales brillantes que demuestran poseer una serie de competencias de gran valor para las empresas, con el objetivo último de maximizar su desempeño en la organización.

El término *coaching ejecutivo* se desarrolló a finales de los 80' como una extensión de los programas de desarrollo del liderazgo para ejecutivos. El *coaching ejecutivo* está dirigido a los ejecutivos de las empresas, que son los encargados de llevar a cabo una serie de tareas, tomar algunas decisiones en cuanto a sus funciones, o incluso dirigir departamentos enteros de una empresa. El Coaching es parte del desarrollo de los recursos humanos, donde juega un papel importante para lograr los objetivos de la empresa y fortalecer el liderazgo.

Algunas aplicaciones del *coaching ejecutivo* individual pueden ser: desarrollo del liderazgo, habilidades para las relaciones interpersonales y la comunicación, coaching para promover la satisfacción personal y las oportunidades de carrera, coaching para competencias específicas, planificación estratégica, resolución de problemas, etc.

El proceso de *coaching ejecutivo* suele implicar frecuentemente la educación continua, alta motivación por la tarea y alto nivel de satisfacción personal con la carrera profesional.

El *coaching ejecutivo* es una relación colaborativa e individual entre un ejecutivo y un coach, y tiene como fin lograr un cambio de comportamiento y actitud sostenido en el tiempo para mejorar la calidad de trabajo de los ejecutivos y su vida personal.

Aunque el *coaching ejecutivo* siempre se focaliza en la vida profesional del coachee, en las sesiones de coaching a menudo se abordan también el desarrollo interpersonal, el cambio personal y la transformación. Es fundamentalmente un proceso confidencial que va dirigido a personas que tienen bajo su responsabilidad a equipos de trabajo, autónomos, emprendedores, directivos, propietarios de empresas y a cualquier ejecutivo que quiera aumentar su potencial y optimizar su desempeño en el trabajo. El Coaching es una metodología reconocida para gestionar mejor el cambio dentro de las empresas que necesitan obtener resultados no alcanzados con otros métodos.

El Coaching es una metodología dentro de la gestión de personas, que busca maximizar el desempeño de los empleados, considerando a los individuos y sus talentos únicos, así como sus habilidades.

Para lograr un óptimo desempeño a nivel ejecutivo, hay tres frentes principales que cubrir:

✔ La relación del ejecutivo con la empresa

✔ La relación del ejecutivo con sus subordinados o colaboradores

✔ La relación del ejecutivo consigo mismo

Trabajando los tres frentes es como se consigue cumplir los objetivos propuestos por el ejecutivo o coachee. Dependiendo de las necesidades de cada cliente, se abordará más un aspecto u otro, lo cual estará en consonancia además con los objetivos que se persigan.

Algunos de los aspectos que un ejecutivo puede trabajar con un coach ejecutivo son:

- Tomar consciencia de sus fortalezas y debilidades

- Potenciar sus talentos para lograr la excelencia en su trabajo

- Alinear sus valores personales con los empresariales

- Apasionarse con su trabajo, automotivarse

- Desarrollar su liderazgo

- Mejorar la relación con sus colaboradores y superiores

- Aprender las destrezas de un coach y usarlas para sacar a la luz lo mejor de sus subordinados o colaboradores

- Equilibrar su vida personal y profesional

Según un estudio realizado por *Manchester Inc.* a cien ejecutivos de las empresas *Fortune*, una empresa con programas de *coaching ejecutivo*, recupera 5,7 veces lo invertido en ellos. Por lo tanto, la efectividad del *coaching ejecutivo* en las empresas está comprobada, con una alta tasa de retorno de casi seis veces la inversión realizada. Eso sí, el único requisito es que el ejecutivo que se incorpore a un programa de coaching tenga la firme voluntad de trabajar por lograr los objetivos fijados.

El *coaching ejecutivo* es un sistema que incluye conceptos, estructuras , procesos , herramientas de trabajo e instrumentos de medición y grupos de personas; comprende también un estilo de liderazgo, una forma particular de seleccionar gente o crear grupos de personas en desarrollo. Asimismo, el *coaching ejecutivo* ayuda a los empleados a mejorar sus destrezas de trabajo a través de elogios y retroalimentación positiva basado en observación, o sea, que proceden de la realidad, y no son cumplidos sin ninguna base.

Los gerentes, supervisores y líderes de un grupo pueden tener muchos tipos de conversaciones en las cuales intentan mejorar algún aspecto del desempeño individual o del equipo, pero si no ocurre alguna mejora, entonces lo que ocurrió fue alguna interacción de algún tipo, pero no una interacción propia del coaching. Únicamente existe «coaching» si de dicha interacción se obtiene un cambio positivo.

Y si nos preguntamos: *¿Cuándo dar Coaching?*

El coaching se debe aplicar fundamentalmente cuando:

1. Existe una retroalimentación pobre o deficiente sobre el progreso de los empleados, causando un bajo rendimiento laboral.

2. Un empleado de cualquier área merece ser felicitado por la ejecución ejemplar de alguna destreza.

3. Un empleado necesita mejorar alguna habilidad dentro de su trabajo.

El coaching efectivo es aquel caracterizado por el positivismo, confianza y rara vez la corrección, que a su vez se presenta con suma moderación. Como venimos apuntando, no se da coaching para corregir comportamientos, no por lo menos en la actualidad, ya que no es el objetivo.

¿En qué consiste el coaching de desarrollo de carrera o *«career coaching»* ?

«No hay ningún viento favorable para el que no sabe a qué puerto se dirige».

La clave fundamental en la vida es conocer el rumbo que llevamos, y es así como nos lo plantea Arthur Schopenhauer en la anterior frase. El *coaching de desarrollo de carrera* profesional o «*career coaching*» se enfoca en ayudarte a diseñar una carrera profesional satisfactoria, alineada con tu perfil, vocación, fortalezas y potencial personal, para que consigas sentirte realizado/a. ¿Te parece poco? El *coaching de desarrollo de carrera* permite desatascarte de donde estás y tomar pasos en camino a un mejor trabajo al que podrías optar siendo consciente y responsable de tu carrera.

El *coaching de desarrollo de carrera* se asemeja al *coaching ejecutivo* ya que se enfoca en la vida laboral de las personas. Sin embargo, el primero tiene su foco principal en descubrir la vocación profesional, elegir la carrera más adecuada para cada uno, reinventarse y reorientar la propia carrera profesional... Como el *coaching de desarrollo de carrera* está totalmente relacionado con la vida de la persona a través de cómo concibe su vida a través de su desarrollo profesional, qué valores profundos se esconden tras sus objetivos profesionales y qué talentos cuenta cada uno a nivel personal, se tiene más a este tipo de coaching como un *coaching personal* que *ejecutivo* o de *empresa*.

Aquellos profesionales, estudiantes y graduados universitarios o secundarios, ejecutivos o aquellos que están buscando nuevos retos en su carrera y/o en transición profesional y desean una mayor satisfacción en su trabajo se pueden beneficiar del *coaching de desarrollo de carrera*, porque pretende que puedas desarrollar tu potencial con el fin de que consigas un buen trabajo que te apasione, sobre todo porque posibilita que te desatasques y dejes de estar estancado en una situación que te causa dolor e insatisfacción.

El *coaching de desarrollo de carrera* no es más (y no es menos) que el coaching al servicio de la mejora de la vida profesional de las personas, y teniendo en cuenta que gran parte de las horas del día la dedicamos a nuestro trabajo, no es irrelevante ni mucho menos que seamos felices en nuestro lugar de trabajo. Es muy difícil sentirse satisfecho con tu vida si eres infeliz con el desarrollo de tu carrera profesional, ya sea porque no tienes trabajo o porque el que tienes no te llena, no te sientes reconocido, te quema o no te permite desarrollar tus cualidades especiales.

La orientación a través del *coaching de desarrollo de carrera* es la mejor inversión que puedes hacer para reinventar tu vida profesional y desarrollar tu carrera. ¿Por qué? Con el acompañamiento de tu coach mantienes conversaciones profundas e inspiradores con las que logras un mejor conocimiento de ti mismo, y tienes la opción de cambiar creencias limitantes, aumentar tu Autoestima y Autoconfianza y mejorar cómo te comunicas en tus relaciones. El autoconocimiento, la seguridad en uno mismo y tener una visión son fundamentales puntos de partida para avanzar con éxito en tu carrera profesional.

El *coaching de desarrollo de carrera* facilita la propia respuesta del coachee a esta pregunta:

«¿Estás estancado/a y no sabes cómo avanzar en tu carrera profesional?»

Tener éxito en tu carrera profesional como lo planteamos aquí no es cosa de egolatría, sino de satisfacción personal y de crecimiento personal, y no solo para gerentes y altos directivos. Te incumbe a ti también trabajes donde trabajes o aunque estés sin trabajo. Perseguir nuestros sueños si merecen la pena, merecen también el riesgo. ¿De qué sirve vivir sin un propósito de vida? Mejor abandona tu *zona de confort*, atrévete a salir ahí fuera y enfrentarte a dar el salto, pero no renuncies a tus sueños, trabaja por ellos, esfuérzate, ten paciencia, invierte en conocerte mejor, persevera, y no dejes nunca de tener esperanza en hacer realidad tus sueños.

¿Qué es el coaching para emprendedores o coaching empresarial?

«Las grandes mentes tienen propósitos, los demás tienen deseos».

Washington Irving

Si el *coaching personal* y el *coaching ejecutivo* son conocidos por una gran mayoría y representan normalmente las modalidades de coaching más frecuentemente solicitadas, no es por ello menos interesante el papel de otros tipos de coaching, como el *financiero, empresarial* o para *emprendedores*. El *coaching para emprendedores* es más que relevante cuando se trata de ayudarte a alcanzar tus metas, en un área como es la emprendeduría, donde cada día se afrontan nuevos retos y el acompañamiento para conseguirlo es de vital importancia.

La importancia de emprender se ha situado en un primer plano desde hace unos años en muchos países, como España, donde había poca tradición hasta hace poco. Muchos universitarios o estudiantes de formación profesional aspiraban hasta no hace mucho a un trabajo por cuenta ajena, a ser posible estable, bien remunerado y con buen horario laboral. Los emprendedores eran una excepción más bien, por lo cual el *coaching para emprendedores* era pues poco frecuente.

La crisis de la economía a partir del segundo semestre de 2008 ha traído muchos cambios y ha servido quizá para poner de relieve lo que se estaba haciendo mal o la comodidad en la que muchos nos habíamos instaurado, en nuestra propia *zona de confort*, para evitar los riesgos y retos. Sin embargo, la vida no está exenta de vicisitudes y riesgos aunque nos empeñemos en evitarlos. Vivir es estar expuesto a los cambios y los riesgos, y más en un mundo en constante cambio, muy dinámico y fluctuante.

Se hace así necesario el *coaching para emprendedores*, para los nuevos emprendedores e incluso para los que llevan tiempo, una ayuda de un facilitador para encontrar motivación, sacar energía, crear conciencia, mostrar autoconocimiento de uno mismo, etc. Y más cuando nos encontramos en una época en la que la lucha está a la orden del día, por conseguir clientes, por mantener a los que se tienen, por innovar, por adaptarse al nuevo entorno político, laboral, social, económico, legal, etc.

El *coaching para emprendedores* es un coaching destinado a aquellas personas que tienen una visión personal y han decidido hacer lo necesario para llevarla a cabo o se encuentran dando sus primeros pasos por lo cual sacar lo mejor de sí mismos es decisivo para tener éxito.

Si has pensado en esa gran idea que te llena de entusiasmo y sin embargo, te sientes perdido, porque no sabes cómo empezar o qué rumbo tomar, puede ser un buen momento para plantearte nuevas preguntas y lograr una mayor perspectiva. Con el *coaching para emprendedores* podrás lograr la autoconfianza que te hace falta para creer en ti y en tu proyecto y así llevarlo adelante.

El *coaching para emprendedores* te acompaña en esos inicios para:

✔ Definir tu proyecto

✔ Desarrollar tu idea de negocio

✔ Descubrir tus talentos y tu pasión

✔ Compaginar tu trabajo por cuenta ajena con tu proyecto personal

✔ Centrarte en tu objetivo, evitar dispersiones y distracciones

✔ Optimizar gastos, prescindir de lo innecesario para empezar, priorizar inversiones

✔ Crear tu marca personal, crearte una reputación

- ✔ Encontrar tu público objetivo

- ✔ Darte a conocer a ti y a tu producto o servicio

- ✔ Ganarte la confianza de los clientes y fidelizarles

- ✔ Mejorar tus habilidades comerciales

- ✔ Fichar al mejor equipo de colaboradores

- ✔ Conseguir tus objetivos en menos tiempo que sin un coach

- ✔ Enfocarte hacia la libertad financiera

El *coaching para emprendedores* te acompaña posteriormente para:

- ✔ Buscar nuevas oportunidades de negocio

- ✔ Prever las tendencias del mercado

- ✔ Prepararte para los cambios

- ✔ Idear nuevas formas de darte a conocer

- ✔ Desarrollar y ofrecer nuevos productos y servicios

- ✔ Ampliar tu red de contactos, mejorar tu networking

- ✔ Desarrollar tus habilidades de liderazgo

- ✔ Aprender a motivar adecuadamente a tu equipo

- ✔ Mejorar tu relación con clientes, proveedores y colaboradores

- ✔ Buscar sinergias con proveedores, clientes y colegas de profesión

- ✔ Encaminarte hacia la libertad financiera

Los emprendedores necesitan conocerse bien y saber muy bien qué rumbo llevan, ser fuertes y no decaer cuando las cosas van mal. Solo es difícil hacerlo, pero sin duda es más fácil y efectivo triunfar con la ayuda de un coach profesional. La mejor opción para no lanzarse al vacío sin paracaídas o sin un colchón que nos proteja, es utilizar el *coaching para emprendedores*.

Estamos acostumbrados a ver a deportistas de élite con sus entrenadores personales y artistas famosos y políticos con sus propios asesores, pero en cambio nos parece extraño tener un asesor personal o coach para tomar mejores decisiones en nuestros negocios. Es curioso que nadie pueda entender el deporte sin entrenadores, ya que solo con un buen entrenador se pueden alcanzar altas metas, y sin embargo haya tantos emprendedores y pymes que van solos por el mundo, sin buscar ayuda para conseguir sus objetivos.

Aunque el *coaching de negocios* y el *coaching para emprendedores* van dándose a conocer, lo cierto es que estamos aún muy lejos de que sea haga uso de él de forma corriente y generalizada. Son pocos todavía los emprendedores o empresarios que recurren al Coaching para lograr de forma eficaz y rápida sus objetivos empresariales.

El *coaching de negocios* es un proceso de aprendizaje interactivo, en el que hay una conversación entre un coach y un emprendedor, responsable del crecimiento y desarrollo de su empresa. Los coaches de negocios tienen un perfil generalista, es decir, que se enfocan en todas las áreas del negocio, a diferencia de un consultor, que únicamente se centraría en un área en particular. Otra característica del *coaching de negocios* es que no está enfocado en el negocio en sí mismo, sino en desarrollar las habilidades del emprendedor. Los coaches de emprendedores ofrecen al empresario abrirse a nuevas opciones, pues los coaches de negocios se concentran un 80% en la persona y un 20% en el negocio, porque éste en realidad es solo un medio para conseguir el sueño o aspiración del emprendedor, que consiste en alcanzar su realización personal.

El paso de autoempleado a dueño del negocio para más adelante convertirse en un empresario o inversionista, requiere desarrollar las habilidades empresariales y de negocio que se necesitan. Un coach de negocios es un especialista en desarrollar en el emprendedor las habilidades de negociación, liderazgo, gestión, innovación, proactividad, etc., con el fin de que sea el emprendedor quien dirija su negocio, y no al revés. Y para conseguirlo necesitamos de alguien que nos ayude, nos motive, nos presione y nos guíe para alcanzar nuestras metas y sueños, y esa persona es el coach de negocios.

Frecuentemente ocurre que el pequeño empresario está pendiente del día a día, detrás de las urgencias, intentando sobrevivir, en lugar de enfrentarse con serenidad a la toma de decisiones que afectan a la sostenibilidad de su negocio. El emprendedor o dueño de un negocio se para pocas veces a pensar cómo redefinir su estrategia, cómo incrementar sus ventas, cómo abrir nuevos mercados o cómo aprovechar las nuevas tecnologías en su negocio, y sin embargo, todas estas cosas son fundamentales para la supervivencia y el éxito del negocio. Gracias a la colaboración del coach de negocios, un emprendedor o empresario puede sistematizar estas tareas estratégicas y pasar a la acción, logrando los mejores resultados, adaptándose al entorno y aprovechando las oportunidades que los cambios favorezcan.

Para ser especialista en esta rama, *coaching para emprendedores*, será requisito imprescindible y prioritario ser emprendedor o haberlo sido, porque es surrealista una situación en la que se facilite orientación en emprendeduría a un emprendedor por parte de una persona que nunca lo ha experimentado en lo más mínimo, viviendo precisamente en su *zona de confort* particular con la comodidad de cobrar su salario fijo a final de mes, hayan o no hayan ventas.

En los negocios, juegan un papel decisivo las emociones. Por lo general, no tenemos las habilidades necesarias para llegar a nuestro público y suscitar en él alguna cosa especial, y por ello es necesaria una orientación al respecto para optimizar el desempeño de los emprendedores. Saber conquistar, vender o atraer no es tarea sencilla y no se domina de un día para otro, ni en un aula con un profesor experto en el tema. El Coaching es una herramienta muy práctica en este sentido, ya que se enfoca en conseguir este objetivo, pasando desde una situación de «incapacidad» a una de «capacidad», ayudándote a aprender o desarrollar aquellas habilidades necesarias y a ganar confianza en ti mismo/a.

Construir esa mejor versión de uno mismo/a que siempre hemos querido ser no es una tarea sencilla, y es más factible hacerlo con un acompañamiento, por lo menos en un principio, para después seguir nuestro propio camino. La labor del coach es ayudarte a que te des cuenta de lo que eres capaz o podrías ser capaz de hacer, y te acompaña en el camino por el que después pasarás al siguiente nivel, el que te llevará al triunfo profesional.

«¿Y cuando piensas realizar tu sueño?», le preguntó el Maestro al discípulo.

«Cuando tenga la oportunidad de hacerlo», respondió éste.

El Maestro le contestó: «La oportunidad nunca llega. La oportunidad ya está aquí».

- Anthony de Mello

5

EL COACHING PARA GESTIONAR EL CAMBIO

La mejora y el cambio en el mundo del Coaching

«Existe al menos un rincón del universo que con toda seguridad puedes mejorar, y eres tú mismo».

Aldous Huxley

La idea de mejora no va referida a dejar de ser uno mismo, ni que haya nada malo en ser quienes somos. Por el contrario, el concepto de mejora que proponemos es el de encontrar nuestra esencia y darle protagonismo en nuestra vida, para potenciar nuestro crecimiento personal y nuestra felicidad.

La mejora de algún aspecto de nuestra vida requiere seguramente un «peaje», es decir, tener que pagar un precio por el cambio. Lo que conviene saber es si el precio a pagar es mayor o menor a lo que conseguiremos. Siempre y cuando lo que deseemos obtener sea muy importante para nosotros y compense de sobras lo que debamos dar a cambio, valdrá la pena pasar por el proceso de transformación. Muchas veces descubriremos que nuestra elección está clara, porque nuestra vida no tendría mucho sentido siguiendo como está.

El problema puede ser enfrentarse a lo que viene después y el miedo que nos supone rebasar la línea de lo conocido y adentrarnos en terreno desconocido, que nos provoca inestabilidad e inseguridad. Lo importante será entonces reforzar la confianza en nosotros mismos para evitar dejarnos vencer por las preocupaciones y los miedos, y poder seguir avanzando a pesar de ellos. Podemos optar por un acompañamiento de un coach o «entrenador» para el cambio. La ayuda profesional contribuye a reforzar nuestra voluntad personal, y a dotarnos de disciplina para hacer lo que tenemos que hacer.

Evidentemente el lector está entre los que sí desean mejorar y aprender (y por eso está leyendo este libro). Sin embargo, una parte de la población solo quiere comodidad y evitar el esfuerzo, tal y como nos refiere sobre España el escritor Álex Rovira:

«El problema de este país es cultural. El 70% de los jóvenes quieren ser funcionarios. Y no por vocación».

¿Acaso no es lógico si lo que inculca la sociedad es el deseo de seguridad económica y el consumismo de bienes materiales? Es sin duda una forma de limitar a las personas, evitando que sean lo que realmente desean ser. Si uno nace y crece en un entorno en el que se le coarta la posibilidad de quererse tal como es, de descubrir su esencia y de poder escoger libremente, y sin miedo, la vida que uno desea, entonces lo que encontramos son personas que en su gran mayoría son temerosas al cambio, incapaces de asumir riesgos, que no se aceptan a sí mismas ni tienen suficiente autoconfianza para ir tras lo que quieren realmente. Por ello, no emprenden ni arriesgan, a menos que sea por necesidad, y buscan trabajos que les ofrezcan seguridad, estabilidad y comodidad. Son personas que no creen en esta frase de Paulo Coelho:

«Toda persona es capaz de conquistar todo lo que quiere y necesita».

Ante esta realidad, no queda más remedio que reinventarnos y cambiar las creencias limitantes adquiridas por pensamientos más positivos, como los que nos ilustran estas citas:

«Si quieres triunfar, no te quedes mirando la escalera. Empieza a subir, escalón por escalón, hasta que llegues arriba». - Confucio

«Si no sueñas, nunca encontrarás lo que hay más allá de tus sueños». - Confucio

«Te reto a vivir tu vida como si fuera una obra maestra. Te desafío a unirte a las personas que viven la vida de acuerdo a lo que enseñan, de acuerdo a lo que creen». - Anthony Robbins

«Me doy cuenta que si fuera estable, prudente y estático viviría en la muerte. Por consiguiente, acepto la confusión, la incertidumbre, el miedo y los altibajos emocionales, porque ése es el precio que estoy dispuesto a pagar por una vida fluida, perpleja y excitante». - Carl Rogers

¿Por qué el Coaching es una herramienta para gestionar el cambio?

«Si lo que estás haciendo no te acerca a realizar tus metas, entonces te estará alejando de ellas».

Bryan Tracy

Como dice el escritor Bryan Tracy, o estás haciendo algo para alcanzar tu meta, o lo que haces te separa cada vez más del punto de donde te gustaría estar. ¿Quizás no existe, por consiguiente, el estancamiento?

Puede ser que lo que llamamos quedarse estancado, se pueda traducir en realidad a que nos estamos alejando de donde desearíamos estar. Lo veremos más claro con un ejemplo. Cuando decimos: *«Estoy estancado en mi trabajo»*, posiblemente lo que está ocurriendo es que nuestro objetivo de tener una carrera profesional satisfactoria está en ese momento cada vez más lejano, porque no avanzamos ni aprendemos, no nos desarrollamos, sino que vivimos en la rutina, que desgasta e impide a la mente ser creativa e ingeniosa.

En consecuencia, estamos perdiendo capacidades. Estancarse, es así más perjudicial de lo que parecería en un principio, porque no es igual a cero, sino que es igual a -1, -2, etc., dependiendo de lo fuerte que pueda llegar a ser el retroceso y la falta de desarrollo personal. En este sentido, el estancamiento comporta menores habilidades en los campos de: creatividad, adaptación y flexibilidad, aprendizaje, inteligencia emocional, innovación y emprendimiento, resiliencia.

Llegamos de esta forma a verificar que el estancamiento no nos beneficia pero, ¿qué más opción tenemos? La respuesta es, sin lugar a dudas, una y solo una: cambiar. Es una palabra fuerte que no gusta a todo el mundo, lo sabemos, ¿verdad? El cambio puede ser más o menos drástico según las necesidades de la persona y su situación, pero cambiar no implica necesariamente remover todo y «poner patas arriba» nuestra vida. E incluso, se podría decir que es al contrario, es decir, es fundamental que se gestione el cambio con tranquilidad y orden. Es por esta razón que hacerlo con un coach tiene mayor garantía de éxito, ya que obtenemos la estructura para hacerlo y un guía que nos facilita orientación en el proceso de cambio.

¿Qué me dices? ¿Qué tienes miedo al cambio? No pasa nada. Es normal y saludable que lo reconozcas. Ahora bien, no es lo mejor para uno renunciar a lo que le apasiona porque siente miedo a luchar por lo que quiere.

Llegado el momento, uno tiene que desaprender lo que no le va bien y reinventarse en una mejor versión de sí mismo. ¿Quieres ser tú esa mejor versión?

Y si la vida es cambio, y solo hay cambio cuando hay movimiento, el estancamiento personal es más una muerte en vida que una vida bien vivida.

«La vida es un continuo cambio o devenir. El cambio, unas veces lo elegimos, y otras viene impuesto. Cuando elegimos podemos tener "control" sobre la actuación a seguir. Cuando el cambio viene impuesto, la desorientación es mayor. Sin embargo hay algo en común en ambos tipos de cambios, la importancia de saber digerirlos, y tener un plan de actuación para disfrutar del camino y llegar a la meta felices y satisfechos». - Bienvenida Morote, Cambioprofesional.es

Siempre podemos tomar las riendas de nuestra vida y ser nosotros mismos los que lideremos el cambio en lugar de que el cambio nos sorprenda a nosotros. Como apuntó Alan Key:

«El mejor modo de predecir el futuro es inventándolo».

En esta época convulsa de innumerables cambios de todo tipo, el Coaching es una herramienta poderosa para gestionar esos cambios. Podemos sucumbir ante la incertidumbre de los cambios o aprender a convertir el cambio en una oportunidad para vivir mejor. En palabras de Henry Thoreau, recuerda esta máxima:

«El éxito llega para todos aquellos que están ocupados buscándolo».

En muchas situaciones de la vida nos enfrentamos a un cambio que pone a prueba nuestra capacidad de gestionarlo eficazmente. El Coaching es un procedimiento que facilita autoconocimiento y acompañamiento para cambiar, y nos enseña que si deseamos cambiar nuestra vida, no podemos seguir haciendo lo mismo. Por lo tanto debemos entrenar la mente a pensar diferente y así vivir diferente. La práctica lleva al éxito según Gary Player:

«Cuanto más entreno, más suerte tengo».

Ante los cambios nos asaltan las dudas y la incertidumbre nos da miedo, por lo que nos resistimos a cambiar y actuar. Arthur

Golden nos lo dice así:

«Una mente llena de dudas no se puede concentrar en la victoria».

Es por ello que tenemos que despejar esas dudas de nuestro camino, averiguando lo que deseamos de verdad en la vida y tomando la firme decisión de ir a por ello pase lo que pase. La gestión del cambio implica tomar el poder de nuestra vida para reaccionar a los cambios e incluso ser generadores de cambio a través de nuestro potencial.

El Coaching es la clave para transformar los resultados mediocres en resultados extraordinarios, es decir, entrar en una nueva dimensión de tu posible vida basada en una transformación personal, indispensable para convertirte en una mejor versión de ti mismo. ¿Y qué implica todo ello? Pues supone dejar tu *zona de confort* y atreverte a explorar otros caminos, otras formas de actuar, diferentes maneras de comunicarte y relacionarte con los demás, etc. Es un proceso muy enriquecedor que implica vivir tu propia vida, sin condicionamientos por lo que los demás opinen al respecto.

¿Cómo el Coaching facilita el cambio?

«Lo que existe detrás nuestro y lo que existe delante, es algo insignificante, comparado con lo que existe dentro de nosotros».

Excelente cita del filósofo Ralph Waldo Emerson, que nos apunta que cuando una persona decide hacer frente a los cambios, sin obsesionarse con el pasado ni con el futuro, puede entonces enfocarse en reinventar su vida, porque dentro de sí tiene todo el potencial para hacerlo. El Coaching parte precisamente de esta premisa, es decir, de la base que una persona tiene potencial para superarse a sí misma y que con intención, compromiso, enfoque y persistencia, puede hacer realidad lo que se proponga.

El Coaching es una disciplina que facilita el cambio y la transformación personal, porque lleva a hacerte grandes preguntas que conciernen tus valores personales. Si esas preguntas son suficientemente poderosas, puedes encontrar las respuestas que tanto necesitas, y a partir de ahí, transformar tu vida.

El mundo del trabajo no está exento de la dinámica de cambio, sino más bien al contrario. Van surgiendo nuevos trabajos y nuevas formas de trabajar. Nadie sabe exactamente cómo va a evolucionar el panorama laboral y económico. Es por ello que cuando, en una entrevista para el programa *Conciencia Planetaria*, me preguntaron por una recomendación para encontrar un trabajo, señalé *flexibilidad* y *adaptación*.

Por otra parte, creo firmemente que no podemos tratar a todo el mundo por igual, y no me gusta generalizar aconsejando unas carreras o unas profesiones concretas para todo el mundo. Pienso que es algo que es mejor abordar a nivel personal considerando el entorno del sujeto y su forma particular de ser. Particularmente me encanta esta filosofía del Coaching que considera a cada uno único y diferente, por lo que no hay una receta mágica para todos, sino que cada uno tiene que encontrar la suya dentro de sí mismo, siguiendo su corazón.

De hecho, John Whitmore, considerado cofundador del Coaching, valora la diferencia como eje central para el desarrollo de las personas. Su definición del Coaching va en esta línea precisamente:

« *(El Coaching) Consiste en ayudar a alguien a pensar por sí mismo, a encontrar sus respuestas, a descubrir dentro de sí su potencial, su camino al éxito... sea en los negocios, en las relaciones personales, en el arte, el deporte, el trabajo...*».

Es por este motivo que el papel del Coaching es tan importante:

por medio de conversaciones profundas y *preguntas poderosas*, el coachee descubre sus creencias, bloqueos, pasiones, sueños, etc. Una persona por sí sola es difícil que pueda valorarse justamente. La introspección sin orientación puede no ser suficientemente objetiva, y verse con ojos muy complacientes, pensando que no necesita cambiar nada, que siempre tiene la razón y que los demás se equivocan, etc.; o al contrario, verse con ojos excesivamente críticos, diciéndose que no vale y que no es bastante bueno, que no puede conseguir lo que quiere, que no tiene las capacidades o talentos, etc.

La objetividad en cómo uno se ve así mismo no puede ser más que una pequeña posibilidad cuando es consustancial a esa mirada una carga de subjetividad, afectando pues a la autovaloración. Es por ello que hace falta un coach que nos devuelva el «*reflejo*» de cómo somos realmente. El coach es nuestro canal para mejorar nuestra Autoestima y nuestra asertividad (con lo cual funcionan mejor nuestras relaciones personales y profesionales), aprender a comunicarnos más eficazmente, y ganar la confianza que nos faltaba para perseguir nuestros sueños. Este punto es muy importante, ya que los procesos de coaching van dirigidos al cambio y a la superación personal, y de ahí que se necesite reforzar la seguridad de las personas para que puedan creer en sus capacidades y apostar decididamente por perseguir sus metas. Así, en lugar de permanecer en el inmovilismo por causa de sus miedos, se permitirán probar cosas nuevas y cambiar.

Solo vamos a poder cambiar lo de fuera si hacemos antes el trabajo mental para cambiar nuestros pensamientos. Como dice Louise L. Hay en *El Poder está dentro de ti*:

«Cuando uno cree que todo es posible, se abre a las respuestas en todos los aspectos de su vida».

En conclusión, la gestión del cambio no es una tarea fácil de llevar a la práctica, y va a ser necesario reforzar tu autoestima y tal vez un acompañante o ayudante que te facilite conseguirlo, que te haga sentir que no estás solo, que te aliente a hacer más, que anime la llama de la automotivación y el gusto por experimentar. Esa persona es tu coach personal, con capacidad para ver en ti no la persona que eres ahora, sino la persona mejorada que puedes llegar a ser. Tu éxito en el cambio no va a ser fruto del azar, sino de tu voluntad y constancia. En palabras de Oscar Wilde:

«En la lotería interviene el azar y en el éxito profesional la constancia sumada al talento».

¿Cómo superar los obstáculos con el Coaching?

«Hay millones de personas que se creen "condenadas" a la pobreza y al fracaso, por culpa de alguna fuerza extraña que creen no poder controlar. Ellos son los creadores de su propio "infortunio", a causa de esta creencia negativa, que su subconsciente adopta y traduce en su equivalente físico».

Napoleon Hill señala, en esta frase de su genial obra *Piense y Hágase Rico*, que existen muchas personas que no se creen dueñas de sus vidas. La razón es que sencillamente se encuentran obstáculos por el camino y dudan. Sin embargo, los obstáculos forman parte de la vida y no queda más remedio que aceptarlos. Tras un obstáculo también hay una oportunidad de aprendizaje, para que una próxima vez no te vuelva a ocurrir algo, hacer las cosas diferentes para obtener mejores resultados, etc.

Si tú quieres alcanzar tu sueño, vas a tener que perder el miedo al fracaso y mirar el futuro con más positividad. Mientras estés enfocado en el fracaso no vas a poder enfocarte en lo que tienes que hacer para tener éxito. La clave es la perseverancia que muestran las personas que creen en su sueño. Cualquier persona que se lo proponga puede conseguir sus objetivos, siempre y cuando sean objetivos realizables, medibles y dependan de uno y no de los demás.

Encontramos muchas personas que no creen en sí mismas lo suficiente. Cuando se les presenta un obstáculo, lo interpretan enseguida como una confirmación de que no pueden conseguir su objetivo. El fracaso de su primer plan es tomado como la prueba de que todo lo que emprendan les saldrá mal. Evitan así aprender de las experiencias, para preparar mejores planes, tener en cuenta ciertos factores, y de esa forma poder progresar y lograr el éxito la próxima vez. Thomas Edison decía precisamente:

«Nuestra mayor debilidad reside en rendirnos. La forma más segura de triunfar es siempre intentarlo una vez más».

En mi caso, tuve un sueño que fue publicar mi primer libro *Supera tus miedos y alcanza tus sueños*. Lo publiqué pero no pude disfrutar inicialmente de ello, ni compartirlo con todo el mundo, debido a problemas editoriales. A pesar del obstáculo, no me di por vencido. En momentos puntuales me sentí algo frustrado y desanimado por los obstáculos a los que me enfrentaba, pero me resistí a dejarme llevar por el desánimo. ¡Y ahora he escrito ya mi cuarto libro!

Al fin y al cabo, como alude Jack Kornfield:

«La alabanza y la culpa, el ganar y el perder, el placer y el dolor vienen y se van como el viento. Para ser feliz, descansa como un gran árbol en medio de todo esto».

Afrontando los obstáculos salimos fortalecidos, aunque cuando uno se encuentra frente a las dificultades, lo que realmente quiere es que desaparezcan. Los desafíos que se nos presentan en la vida pueden superarnos o podemos sacar nuestro potencial y superarlos nosotros a ellos. Una frase que me parece interesante es la de Helen Keller:

«No pienses en los fracasos de hoy, sino en el éxito que puede llegar mañana. Te has propuesto una tarea difícil, pero tendrás éxito si perseveras, y encontrarás dicha en la superación de obstáculos».

En *Coaching en 10 minutos* Fiona Harrold nos alienta a no caer en la desesperanza ante los obstáculos o fracasos, ya que los que consiguen finalmente el éxito no lo hacen:

«La clave se halla en el análisis que realizan de los motivos de su fracaso. Llegan a la conclusión de que los obstáculos están causados por aspectos que se pueden rectificar. Si el problema se halla en ellos mismos, creen en la posibilidad de llevar a cabo una transformación personal para corregir su déficit, sea cual sea».

La idea principal es que no debemos desfallecer en cuanto un plan fracase. Eso sucede a cada momento, pero muchas personas que han tenido éxito han experimentado también muchos fracasos. Si han conseguido triunfar es porque han seguido adelante gracias a su interés por alcanzar su meta, y ha sido a pesar de los obstáculos, no porque no los tuvieran.

Napoleon Hill cita en *Piense y Hágase Rico* dos ejemplos:

«James J. Hill se topó con fracasos temporales la primera vez que se propuso reunir el capital necesario para trazar un ferrocarril de Este a Oeste de Estados Unidos, pero él también convirtió el fracaso en victoria con la utilización de nuevos planes.

Henry Ford conoció el fracaso temporal, no solo al principio de su carrera en el mundo del automóvil, sino después de haber estado en lo más alto del éxito. Concibió otros planes, y siguió avanzando hacia la victoria económica».

Así que, si un plan fracasa, hay que cambiarlo por otro, y seguir esta rutina hasta conseguir el objetivo. Como dice también Napoleon Hill en dicha obra: «los que abandonan nunca ganan..., y *un ganador nunca abandona.»*

De hecho, el éxito en la vida trata de atreverse a hacer lo que queremos hacer, a no abandonar en nuestro empeño, por miedo al fracaso o desconfianza en nuestras propias capacidades. El éxito es vivir conforme a lo que uno piensa, y actuar en consecuencia:

«El éxito debe medirse no en la posición que ha alcanzado en la vida, sino en los obstáculos que ha tenido que superar en la búsqueda del éxito». - Booker T. Washington

¿Por qué se considera al Coaching una herramienta poderosa para Reinventarse?

«La vida no es acerca de encontrarte a ti mismo. La vida es acerca de crearte a ti mismo».

George Bernard Shaw aludió con esta frase la necesidad de trabajar por ser la mejor versión de uno mismo, más allá del simple autoconocimiento. Y es aquí donde el Coaching cobra gran importancia, y que le da una ventaja respecto a otras disciplinas como la Terapia en cuanto a procesos de cambio se refiere. Con *reinventarse* no nos limitamos a descubrir quiénes somos y qué queremos en la vida, sino que nos ocupamos gracias al Coaching en cómo lograrlo, estableciendo objetivos, definiendo estrategias, gestionando los pasos a dar, planificando y haciendo un seguimiento del proceso hasta alcanzar las metas.

Reinventarse es una de las palabras que están más de moda en la actualidad, pero: ¿De verdad hay que reinventarse? Muchos se hacen esta pregunta porque no creen aún que es posible mejorar su vida. El Coaching ayuda a que tengamos más coraje y seamos creativos a la hora de emprender proyectos propios coherentes con quiénes somos en esencia, nuestros valores y nuestras necesidades en la vida. Reinventarse solo es una moda para los que no creen. En cambio, para los que tienen fe en sí mismos y en su potencial, reinventarse es una oportunidad de crearse a uno mismo, transformarse en alguien mejor y vivir una vida más auténtica.

Emprende tu pasión y enfrenta tu miedo al fracaso y la incertidumbre saliendo de la *zona de confort*. Únicamente los que apuestan por el éxito lo llegan a conseguir. Si no hay cierto riesgo, tampoco puede existir una buena oportunidad que conduzca al éxito. Tony Robbins también nos señala el riesgo de seguir haciendo lo mismo de siempre:

«Si haces lo que siempre has hecho, obtendrás lo que siempre has conseguido».

Aunque reinventarse tiene un precio y un riesgo, que puede conducir o no al éxito, no hay mayor fracaso que vivir una vida mediocre, insatisfecha e infeliz, por no atreverse a hacer frente al miedo. El tipo de fracaso que proviene de un intento fallido enriquece y, si perseveras, al final obtienes resultados, mayores o menores, pero en definitiva, resultados. La perseverancia es una clave del éxito como lo dejó patente el célebre Thomas Alva Edison:

«No fracasé, solo descubrí 999 maneras de cómo no hacer una bombilla».

Tu futuro es una oportunidad que se construye en el presente. Tu estado actual no es consecuencia de lo que estás haciendo en estos momentos, sino que proviene de las decisiones que tomaste en el pasado. Lo que pasó y lo que hiciste ya no se puede cambiar, pero sí que puedes tomar la decisión hoy de crear la vida que deseas y te mereces.

En relación al tema profesional, los nuevos trabajos del futuro pueden ser muy diferentes de los trabajos del pasado, pero eso no es algo malo en sí mismo. Lo que implica es que hay que reinventarse, tenemos que apostar por invertir en nuestra formación y desarrollo personal, para construir desde ya nuestro futuro. Reinventarse va a ser una necesidad, no solo del presente sino también en el futuro, porque otra clave del éxito es sin duda la capacidad de adaptación en un entorno caracterizado por los cambios, y la mejor forma de reciclarse es a través de un proceso de transformación personal en un proceso de coaching.

Muchos apuestan ya a que *«El trabajo del futuro estará basado en el talento»*, por lo que nada mejor que desarrollar tus habilidades para alcanzar tu potencial y así poder utilizar tu talento. El Coaching es una buena herramienta para descubrir tu talento o talentos, reinventarte, identificar oportunidades y tomar decisiones encaminadas a cambiar tu vida conforme vas explorando fuera de la *zona de confort*. No podemos elegir nuestras circunstancias presentes, pero hay algo que sí podemos hacer:

«Una persona no puede elegir sus circunstancias, pero sí sus pensamientos, y con éstos dar forma a sus circunstancias».

- James Allen

Ahora bien, como señalé en mi anterior obra *¡Reinvéntate! Guía para cambiar tu vida profesional*, ¿quién desea cambiar su vida sin un motivo? La respuesta es que nadie desea el cambio sin una razón, sea la que sea. Tiene que haber *algo* que movilice nuestra energía y nos motive a esforzarnos por crear una vida diferente. Este *algo* que nos lleva a la acción está originado por la insatisfacción. Cuando hay *algo* en nuestra vida que por cualquier motivo no nos hace felices, esto se manifiesta en cierta incomodidad. Si nos falta o nos sobra *algo* en nuestra vida, es necesario un cambio. Es posible que sea fruto de una pérdida, de un fracaso, de un suceso doloroso, o de una circunstancia que nos haya tocado en lo muy hondo de nuestro ser.

Brian Tracy nos indica que hay un *punto de inflexión* en el cual una persona se abre al cambio y toma las decisiones encaminadas a rediseñar su vida:

«*Me di cuenta que cada persona exitosa con la que he hablado tenía un punto de inflexión. El punto de inflexión fue cuando tomaron una decisión clara, concreta e inequívoca de que iban a alcanzar el éxito*».

6

HABILIDADES DEL COACH

¿Cuáles son las Maestrías del Coach?

«He encontrado el significado de mi vida ayudando a los demás a encontrar en sus vidas un significado».

Viktor Frankl

La voluntad de ayudar a los demás es una buena cualidad de los seres humanos y, afortunadamente, está presente en muchas personas que desean ayudar a otros. No obstante, no todos podemos ser buenos en todo, y por mucha voluntad que le pongamos, a veces son otros los que pueden ayudar mejor, porque están capacitados para ello, se han preparado, se han formado y han adquirido experiencia y maestría.

Y nos podemos preguntar: ¿Podemos saber si un coach es bueno en lo que hace y si ha sido entrenado adecuadamente durante su formación? ¿Existen pautas definidas que permitan evaluar de forma objetiva quién es un buen coach? Lo cierto es que sí: existen pautas muy definidas en esta área tan nueva que permiten responder estas preguntas de forma satisfactoria y completa. Precisamente, dichas pautas se encuentran representadas por las maestrías o competencias con las que debe contar un buen coach. Las competencias están conformadas por las «habilidades» que todo coach necesita dominar para ejercer la profesión del Coaching.

Conocer y aplicar adecuadamente estas maestrías va a ser prueba suficiente para constatar que alguien es un buen coach, por lo cual tenemos medios objetivos para hacerlo. No se trata ya de suponer o imaginar cuando se es un buen coach o no, sino que solo hace falta observar si un coach es hábil en la utilización de estas maestrías o competencias en sus procesos de coaching.

Coachville habla de 15 competencias, la IAC de 9 maestrías y según ICF hay 11 maestrías. Seguidamente, vamos a ver en qué consisten en el caso de cada organización:

Coachville

1. Generar conversaciones provocadoras

2. Revelar el cliente a sí mismo

3. Sacar grandeza

4. Disfrutar enormemente del cliente

5. Ampliar los esfuerzos del cliente

6. Navegar vía curiosidad

7. Comunicar claramente

8. Poner rumbo a lo más importante

9. Reconocer la perfección en cada situación

10. Contar lo que percibes

11. Ser el hincha del cliente

12. Explorar nuevos territorios

13. Saborear la verdad

14. Diseñar un entorno favorable

15. Respetar a la humanidad del cliente

IAC

Las 9 Maestrías de la IAC (International Association of Coaching) son:

1. Capacidad de establecer y mantener una relación de confianza con el cliente

2. Capacidad de percibir, afirmar y expandir el potencial del cliente

3. Desarrollar una escucha activa o con compromiso al cliente

4. Procesar en el presente (Una extensión de la Maestría # 3)

5. Expresar

6. Clarificar

7. Ayudar al cliente a establecer y mantener sus intenciones (metas y objetivos) claros

8. Abrirse a Invitar a las Posibilidades

9. Ayudar al cliente a crear y usar estructuras y sistemas de apoyo a lo largo del tiempo

ICF

1. Cumplimiento de los lineamientos éticos y los estándares profesionales

2. Establecer el acuerdo de coaching

3. Establecer confianza y cercanía con el cliente

4. Presencia del coach

5. Escuchar activamente

6. Realizar *preguntas poderosas*

7. Comunicación directa

8. Crear conciencia

9. Diseñar acciones

10. Planificar y establecer metas

11. Gestionar el progreso y la responsabilidad personal

El Rapport, la empatía y la aceptación del cliente

«Si hay un secreto del buen éxito reside en la capacidad para apreciar el punto de vista del prójimo y ver las cosas desde ese punto de vista así como del propio».

Henry Ford

La capacidad de «generar rapport» es clave para iniciar un proceso de coaching con un cliente. Se entiende por «generar rapport» la capacidad de crear sintonía comunicativa suficiente para que haya un nivel de confianza muy elevado entre el cliente y su coach. Para ello es necesario dominar tanto el lenguaje verbal como el lenguaje no verbal, así como saber desarrollar un buen entendimiento con el interlocutor. Al rapport se le conoce también en Coaching como la habilidad de «danzar con el cliente», porque se trata de ir acompañándolo, de forma que hay que crear unos pasos en los que ambos se muevan juntos, y no se cree una falta de sintonía entre los movimientos de uno y del otro. Desde luego, esta maestría requiera de una enorme destreza del coach, por lo cual tiene que poner una atención total en la persona, observar lo que está haciendo, diciendo, pensando, sintiendo, tratando de expresar, o que incluso está oculto o inconsciente en él, pero que influye en el proceso.

El coach es capaz además de ponerse en el lugar del coachee y entender porqué siente lo que siente, o porqué actúa de una forma, a pesar de que dice otra cosa, etc. Se trata de desarrollar la «empatía», para interpretar lo que le ocurre al cliente. No es compartir con la persona aquello que le sucede o ponerse ambos tristes o apesadumbrados si hay un obstáculo, pero tampoco es obviar que existen esos sentimientos y esas dificultades para el coachee.

La gran maestría de un coach es ser capaz de aceptar a su cliente tal y como es, y no es siempre fácil. Un coach puede querer que su coachee sea de otra manera para que pueda alcanzar sus metas, o que actúe diferente, por ejemplo. Y sin embargo, debe saber comprender que el cliente hace todo lo que puede con el conocimiento y habilidades que tiene. Es decir, quizá no es cómo él actuaría, pero debe aceptar que cada uno es como es, con su propio carácter e historia personal, etc. El coach debe aceptar que la persona tiene creencias que lo están limitando, pero el reto es que ello no lo irrite o le cree una gran tensión, creyendo que debe cambiar de inmediato todo ello. Al fin y al cabo, la labor del coach es acompañar a cambiar solo lo que el cliente quiera cambiar de sí mismo.

Por supuesto, el coach debe retar a hacer más y a mejorar, pero nunca pretender obligar a hacerlo, siendo exigente en que el coachee cumpla con los deseos del coach en ese sentido. Aquí el protagonista es el coachee, y el coach no tiene toda la razón, ni debe pretender guiar a la persona allí donde esta no quiera ir. Por el contrario, sí que es función del coach guiar al coachee allí donde este se lo proponga.

Por ello, el coach no es exactamente un líder que conduce hacia donde él quiere ir, según sus propios objetivos, o que quiera hacer partícipe al coachee de sus objetivos. Otra cosa es que el coach en ocasiones pueda actuar en algún sentido como un líder, o que un líder pueda adquirir las competencias de un coach para cumplir mejor su misión y objetivos. En última instancia, cabe recordar siempre las diferencias y no confundir los términos.

La Escucha y el Feedback

«La diligencia en escuchar es el más breve camino hacia la ciencia».

Juan Luis Vives

Sin duda, la habilidad de escuchar es de las más importantes en las relaciones sociales y, sin embargo, la menos frecuente. La escucha a la que me refiero es a la escucha activa hasta el punto de olvidarse de uno mismo y de sus cosas mientras se está con el coachee. Se trata de centrar toda la atención en el coachee. El coach hace de espejo para poder ayudar al otro, pero eso no es posible del todo si uno está pensando en sí mismo y sus cosas. Es imprescindible desapegarse de uno mismo y de su ego en la sesión de coaching para poder enfocarse en el otro y comprenderlo mejor. Solo así podrá darse coaching, y no una conversación intrascendental entre dos interlocutores.

El Feedback consiste en ofrecer respuestas y comentarios a lo que el coachee va expresando en la sesión. A través de recibir feedback de otra persona, uno obtiene la ayuda necesaria para aclarar sus dudas, confrontar sus ideas con otra persona y obtener observaciones nuevas, ya sea sobre su actitud, comportamiento, progreso, compromiso con el proceso, etc.

El coach tiene la habilidad de compartir percepciones y sensaciones que puedan ayudar al coachee. Por lo tanto, no comparte todo lo que se le pasa por la cabeza, sino solo lo que cree que puede ser de ayuda, para desbloquear al cliente, e incluso que sirvan de ayuda para elevar su nivel de conciencia. Por ello, hay que discernir aquello que es bueno compartir de lo que no, así como también es importante saber cómo hacer las observaciones apropiadamente.

Con el feedback, el coach puede indicar al coachee posibles

«puntos ciegos», es decir, aquellos aspectos que no es capaz de ver por sí mismo. Con ello se consigue que el cliente amplíe la perspectiva y pueda ver un abanico mayor de opciones. La retroalimentación o feedback sirve también para comprobar que ambos están en sintonía, que el coach está escuchando atentamente, aclara las dudas y facilita la verdadera comunicación interpersonal.

Para ofrecer feedback, se pueden realizar preguntas de este tipo:

-¿Esto tiene sentido para ti?

-¿Es posible que...?

-Me parece que... o Me da la sensación que...

-¿Podría compartir algo contigo?

-etc.

El objetivo de ofrecer feedback es no dar por hecho que nuestras sensaciones o percepciones tienen que ser aceptadas totalmente por el coachee. Es posible que estemos en lo cierto o no, pero en cualquier caso, sirve para que el cliente lo tenga más claro. De ahí viene el realizar las preguntas, porque es posible que el cliente no comparta nuestras observaciones, y mediante las preguntas solo compartimos impresiones, sin darlas por válidas al 100%.

Abogo por una escucha en la cual el coachee se sienta escuchado. Es quizá la mejor para hacerlo sentir reconocido, y esto siempre es lo que necesita el cliente, entre otras cosas, por supuesto. Por lo tanto, no bastará con estar centrado en el coachee y escucharlo atentamente, sino que hay que comunicar que se le está escuchando activamente con gestos, asintiendo con la cabeza, por ejemplo, o con palabras como «Entiendo», «Ya», «Claro», etc.

La Congruencia

«Tu actitud es una expresión de tus valores, creencias y expectativas».

Brian Tracy

Otra de las habilidades requeridas en el coach es su consistencia entre lo que piensa, dice y hace. Por lo tanto, el coach debe ser congruente y actuar en consecuencia con lo que piensa y dice. Además, el coach no puede exigir al coachee algo que él mismo no estaría dispuesto a cumplir. Ello no sería ni creíble ni tendría ninguna autoridad moral.

Un coach congruente debe contar con valores sólidos que sustenten su coaching.

Entre los **valores** más importantes que el coach debe tener están los siguientes:

- La honestidad consigo mismo y con su cliente

- Seguridad en sí mismo, con el coachee y en el coachee

- Compromiso de completar el proyecto

- Competencia para lo que requiere el cliente, tanto en cuanto a conocimientos como habilidades

- Integridad en su persona y en las técnicas utilizadas en el desarrollo

- Confidencialidad absoluta de la información referente al cliente y de su proyecto

- Respeto por las decisiones del cliente y la profesión de Coaching

- Responsabilidad en el propio desempeño

- Empatía con el cliente, sin intimar

- Garantía de los resultados

-El cumplimiento de los Estándares de Coaching.

La Asertividad

«La forma en que nos comunicamos con los demás y con nosotros mismos, en última instancia, determina la calidad de nuestras vidas».

Anthony Robbins

La asertividad es la habilidad social que nos permite expresar nuestros sentimientos y opiniones, a la vez que defender nuestros derechos, siempre respetando los ajenos.

Las personas tenemos diferentes intereses y distintas formas de ver el mundo, por lo cual el conflicto está servido. Una forma de comunicación que favorece el entendimiento y minimiza los conflictos, es a través de la asertividad. Con esta habilidad se pueden proponer las propias opciones y mostrar nuestros puntos de vista de manera no agresiva.

La comunicación asertiva en el coaching es lo que va a marcar la diferencia, entre otras cosas, entre una sesión de coaching y una conversación de cafetería. En Coaching no cabe la discusión ni el conflicto, pero sí se puede discrepar. No es necesario estar de acuerdo en todo con el cliente.

Mediante la comunicación asertiva, podemos definir el camino hacia nuestro cambio. El coach nos acompañará a través de preguntas de diferente tipo con lo que nos llevará a encontrarnos con nuestra esencia, descubrir nuestros pensamientos más profundos, y hacer posible con esta comprensión un mayor equilibro vital.

El Coaching nos lleva a explorar mucho sobre nosotros, y no

vamos a olvidar que la solución a cada problema nuestro la tenemos, en realidad, cada uno de nosotros. Por consiguiente, si no somos totalmente sinceros con nosotros mismos, no podremos encontrar la forma de resolver el asunto. Así, nuestra tarea consiste en oír que nos dice nuestro corazón, qué sentimos y qué deseamos interiormente. Y la labor del coach es que las conversaciones sean asertivas y se expresen las cosas tal y como se piensan y se sienten. El coach puede ser el primero en compartir sus pensamientos y sensaciones que le lleguen y puedan ser constructivos. Esta comunicación honesta genera confianza en la relación de coaching, por lo cual facilita que el coachee se desatasque y tenga más facilidad de expresar lo que siente. Con todo ello, es más factible un proceso de coaching exitoso.

Las Preguntas Poderosas

«El aprendizaje no es un juego de niños; no podemos aprender sin dolor».

Aristóteles

Aprender no es fácil en la vida. Requiere que realicemos un gran esfuerzo, y nos obliga a ver lo que a veces no queremos ver, a sentir lo que nos duele, y en definitiva, a tomar consciencia de que no somos perfectos, y que debemos estar siempre predispuestos a conocer lo que no sabemos y nos puede ser de ayuda. El camino del conocimiento y el aprendizaje puede transitarse con el acompañamiento de un coach, que nos facilita el proceso, por medio de preguntas potentes que nos hacen elevar nuestro nivel de conciencia. A veces estas preguntas son tan poderosas que marcan un antes y un después en nuestra vida, porque nos permiten replanteárnosla y darnos cuenta de por dónde empezar a hacer cambios.

De acuerdo con la ICF, una pregunta poderosa refleja una

escucha activa y un entendimiento de las perspectivas del cliente y lo lleva a descubrir, profundizar, comprometerse, tomar acción, ganar claridad, abrir posibilidades o aprender cosas nuevas. La habilidad de «Realizar preguntas potentes o poderosas» consiste en formular preguntas abiertas (aquellas cuya respuesta no puede ser un simple SI o NO). Este tipo de preguntas se caracterizan porque invitan a la reflexión, permiten la clarificación de ideas, generan nuevos puntos de vista, permiten revisar o desmontar falsas creencias limitantes, ayudan a construir nuevas ideas potenciadoras, etc. Las *preguntas poderosas* deben propiciar el avance en el proceso de coaching en la línea del objetivo marcado, favorecer la toma de decisiones y el compromiso, los verdaderos motores del cambio, y en consecuencia, los generadores de los resultados.

Algunos ejemplos de *preguntas poderosas* podrían ser:

-¿Qué significado tiene esto para ti?

-¿Cómo te sentirás cuando lo consigas?

-¿Qué vas a hacer ahora para dar este paso?

-¿Qué necesitas para hacerlo?

-¿Qué cosas te energizan/desenergizan?

-Si lo que tienes ahora no te gusta, ¿cómo crees que debería ser?

-¿Qué pasaría si pudieras hacerlo?

-¿Qué te lo impide?

-¿Qué obstáculos podrías encontrar en tu camino?

-¿Cómo podrías impedir o sortear esos obstáculos?

-¿Qué te gustaría que pasara hoy que no esté pasando?

-¿Qué se puede aprender de todo esto?

-¿Cómo vas a comprometerte con tu objetivo?

-¿Qué es lo que te impide lograrlo?

-De continuar así, ¿cómo crees que vas a acabar con el tiempo?

-¿Estás haciendo caso a tus sentimientos y sensaciones, o los estás ignorando?

-¿Qué es lo que te hace falta en tu vida?

Finalmente, siempre partimos de la idea de que las preguntas ayudan a que una persona aprenda de sí misma, ya que no es el objetivo del coach enseñar nada al coachee. Tan simple es y tan complicado el arte de hacer buenas preguntas. La reflexión que surge de ese diálogo con el coach puede llevar a replantearse muchas cosas y dar pequeños pasos que finalmente produzcan grandes cambios.

Sea como fuere, el coach que llevas dentro quiere experimentar y probar cosas nuevas, porque no quiere perder oportunidades en la vida. A pesar de que podamos fracasar, en nuestro interior sabemos que el mayor fracaso siempre será no intentar aquello que nos apasiona. Tenemos que aprender las lecciones de la vida y seguir adelante, pero ello solo es posible si estamos dispuestos a hacer uso del ensayo, error, análisis, aprendizaje y coraje.

En este sentido, no hace mucho vi por las redes sociales esta reflexión:

«*¿Sabes cuál es la diferencia entre la escuela y la vida?*

Que en la escuela primero aprendes una lección y luego te ponen una prueba.

Y en la vida te mandan la prueba y luego aprendes la lección».

7

HERRAMIENTAS AVANZADAS PARA EL COACH

Introducción a las Herramientas Avanzadas para el Coach

«La verdadera sabiduría está en reconocer la propia ignorancia».

Sócrates

El éxito de un proceso de coaching se sustenta en dos pilares: el coachee y el coach. El primero debe poner todo su esfuerzo e interés en el proceso y en superarse a sí mismo. El segundo debe saber utilizar adecuadamente las herramientas básicas que ofrecerá al coachee para facilitar que saque su potencial y logre sus objetivos.

¿Y cuáles son las herramientas de que dispone el coach para conseguir que el cliente logre sus objetivos? Se trata de que el coach sepa crear confianza, rapport –sintonía- y empatía, escucha activa, reformulación de lo que dice el coachee, *preguntas poderosas*, cambiar creencias limitantes, retar a salir de la *zona de confort*, toma de conciencia, inteligencia emocional, supervisión y seguimiento de las acciones del coachee, feedback, aplicar «la rueda de la vida», ayudar a formular objetivos, encontrar la misión o vocación, mapas mentales y PNL, frases inspiradoras, metáforas, cuentos, libros y vídeos motivadores, etc.

Algunas de estas herramientas forman parte de lo que denominamos *habilidades del coach*, como el rapport, la escucha y el feedback, y que hemos visto en el bloque anterior. A continuación te presento otras herramientas que tienen que ver más con la metodología empleada en el proceso: PNL, Inteligencia Emocional, Gestalt, Análisis Transaccional y Eneagrama.

La PNL o Programación Neuro-Lingüística

«Todo lo que Somos es el resultado de lo que hemos Pensado».

Budda

La PNL es la abreviatura de la Programación Neuro-Lingüístiva. Veamos qué significado tiene:

• *Programación*: Nuestro cerebro funciona con programas como si fueran un software que cada uno de nosotros crea, en función de sus circunstancias, y que generan una percepción del mundo. Estos programas pueden ser actualizados mediante la aplicación de la tecnología adecuada, para que nos sean más útiles y eficientes.

• *Neuro*: Toda la información que obtienen nuestros 5 sentidos es trasladada a través de las neuronas a los «programas» después del adecuado proceso de filtrado, que en cada caso siempre es personal y distinto al de otras personas.

• *Lingüística*: El lenguaje es la expresión externa de cómo percibimos el mundo. Del análisis de la comunicación y del lenguaje deviene un mejor conocimiento del otro y de mí mismo, pues yo también me comunico conmigo constantemente, de una manera determinada.

A la PNL se la ha llamado «la ciencia o el arte de la excelencia personal», y no es de extrañar, ya que al igual que el Coaching se fundamenta en obtener el mayor potencial de las personas. La

PNL facilita que nos abramos a nuevas perspectivas a través de la pregunta «¿Cómo?», ya que analiza cómo pensamos, cómo aprendemos, cómo construimos el mundo, cómo conseguimos los resultados que obtenemos y, sobre todo, cómo podríamos mejorar esos procesos.

La PNL parte de unas premisas que comparten la misma filosofía del Coaching. Algunos de sus postulados son:

- El cliente tiene todos los recursos necesarios y solo es cuestión que los encuentre con la ayuda del coach.

- El mapa no es el territorio: Cada uno de nosotros tenemos un mapa de la realidad, que no es la realidad, sino una interpretación de la misma.

- Detrás de cada acto o palabra hay una intención positiva, de cara a uno mismo. Uno puede hacerse la pregunta: «*¿y para qué digo o hago algo?*» y la respuesta siempre pone de relieve que hay una intención buena para con uno mismo.

- Es imposible no comunicarse: hasta cuando no quiero comunicarme, comunico que no quiero comunicarme, por lo cual no es posible no comunicar.

- No existen fracasos, solo resultados distintos a los esperados. De ello, se deriva que todo son experiencias y que se pueden aprender de ellas.

- La calidad de mi comunicación se mide en función de la calidad de la respuesta que obtengo. Únicamente hay buena comunicación si consigo transmitir lo que quiero, y obtengo por ello una retroalimentación positiva en ese sentido.

El caso es que la PNL es una metodología de **aprendizaje**, basada en la comunicación, que facilita los cambios y la ruptura de limitaciones autoimpuestas. La PNL permite a las personas conocer cómo funcionan mentalmente, y cómo mejorar ese «cómo» para alcanzar las metas que se propongan, a través de múltiples herramientas prácticas. De esta forma enlaza con la idea de W. Clement Stone:

«*Todo lo que la Mente puede concebir se puede lograr*».

Para concluir y dejar claro un aspecto fundamental, solo decir que ni la PNL es Coaching, ni el Coaching es PNL. La PNL es una metodología de *modelado*, mientras que el Coaching es un *procedimiento*. Aunque ambos puedan en algún momento compartir objetivos parecidos (como llevar a un cliente de un punto A a un punto B, o el de mejorar el potencial del cliente), la metodología es definitivamente muy diferente, aunque ambas aproximaciones pueden ser complementarias y compartan ciertos postulados de una misma filosofía, tal y como hemos visto.

La Inteligencia Emocional

«Cuanto más abiertos estemos a nuestros propios sentimientos, mejor podremos leer los de los demás».

Daniel Goleman

La Inteligencia Emocional es una habilidad que no depende de nuestro coeficiente intelectual, ni de nuestro Currículum, ni tampoco de conocimientos técnicos. Sin embargo, no cabe duda que la Inteligencia Emocional (o también en adelante IE) es necesaria para el éxito personal y profesional, seguramente que más que los anteriores. Aún así, es bastante reciente la atención que se le da a este tipo de inteligencia, y la educación académica más tradicional continúa de momento concentrada en lo de siempre.

La IE es útil para todos, jóvenes, estudiantes, graduados, ejecutivos, emprendedores o desempleados. Muy importante es que conozcas cómo utilizas o no utilizas adecuadamente tu

Inteligencia Emocional para tener éxito en tus proyectos y en tus relaciones, cuando incluso ambas cosas están relacionadas, proyectos y relaciones. Para ello deberías pararte a reflexionar y hacerte una serie de preguntas para así auto-evaluarte y hacerte una idea de cuál es tu nivel de Inteligencia Emocional:

- ¿Identificas tus emociones en el mismo momento en que aparecen?

- ¿Sabes gestionar tus sentimientos para que jueguen a tu favor o al contrario no tienes ningún control sobre ellos?

- ¿Reconoces las emociones de los demás y entiendes lo que las ha producido, o por el contrario, te crean ansiedad y desasosiego?

- ¿Puedes auto-motivarte para lograr tus objetivos o necesitas que sean otros los que te ayuden a motivarte?

- ¿Tienes la capacidad de ilusionar a otras personas para que lleven a cabo un proyecto?

- ¿Observas e interpretas el lenguaje no verbal de las personas con las que te comunicas?

- ¿Interpretas de forma correcta e inmediata los mensajes que envía tu cuerpo para cada una de las emociones?

- ¿Reconoces cuál es la emoción más apropiada para conseguir los resultados que deseas?

- ¿Eres capaz de adivinar cuáles serán las reacciones que provocarás a otras personas con tus palabras o tus actos, o al contrario, nunca piensas en cuáles serán las posibles reacciones de los demás ante tus palabras o actos?

- ¿Sabes instaurar en ti los hábitos que te permiten alcanzar tus metas, o más bien al contrario, te falta disciplina para ello?

Date cuenta de lo poderosas que son estas preguntas para conocer cómo gestionar tus emociones y las emociones de los demás, lo cual constituye un pilar básico para tu éxito personal y profesional.

La Gestalt

«La confianza en sí mismo es el primer secreto del éxito».

Ralph Waldo Emerson

La Gestalt es una corriente de la psicología moderna perteneciente a la rama de las llamadas terapias humanistas, creada a principios del siglo XX por Fritz Perls y su esposa Laura Posner. Al igual que en otras terapias humanistas, la Terapia Gestalt consiste en un **enfoque holístico** de la experiencia humana. La Gestalt asume la tendencia innata a la salud, la integridad y la plena realización de las potencialidades latentes, promueve la propia responsabilidad de la persona en los procesos en curso y la toma de conciencia sobre las propias necesidades y su satisfacción.

Hay que señalar que Gestalt no es Coaching. La Gestalt es una terapia de la que se puede hacer uso como recurso en los procesos de coaching, pero no como metodología a través de la cual estructurar las sesiones de coaching. De hecho, esta terapia consiste en movilizar el pasado vivido por cada uno y establece un contacto con el presente y un intercambio favorable con el entorno. Es en este punto donde marca distancias con el Coaching en sentido riguroso, ya que el Coaching nunca mira hacia el pasado. No obstante, ya decimos que como herramienta puntual puede servir también al coach, siempre y cuando uno se dé cuenta que está en el campo de la terapia en lugar del terreno del Coaching.

La Gestalt cambia el «por qué» por el «cómo», otorgando

perspectiva y orientación a lo que ocurrió en el pasado. Utiliza técnicas vivenciales, el experimento y el laboratorio. Antepone la espontaneidad al control; la vivencia, a la evitación de lo molesto y doloroso; el sentir, a la racionalización; la comprensión global de los procesos, a la dicotomía de los aparentes opuestos.

Hay 4 premisas que fundamentan la Gestalt y que también son compatibles con el Coaching:

1ª. El darse cuenta: Solo cuando el individuo se da cuenta de lo que hace y de cómo lo hace puede cambiar su conducta.

2ª. La homeostasis: Proceso mediante el cual el organismo interactúa con el ambiente para mantener el equilibrio.

3ª. El contacto: Es imprescindible para el crecimiento y el desarrollo del ser humano.

4ª La creatividad: Es necesaria tanto para la práctica y aplicación de la terapia, como para el paciente que amplía sus capacidades creativas a través del proceso. Precisamente la Gestalt emplea como herramientas terapéuticas el dibujo, los cuentos, la música, el movimiento corporal, la meditación, o el teatro, todos ellos como medios facilitadores para que la persona consiga su toma de consciencia.

La terapia gestáltica puede ser complementaria al Coaching, ya que parte de la idea básica de no enfocarse en investigar el origen del sufrimiento ni recomendar conductas para sortear ese sufrimiento. La tarea está más encaminada a establecer qué le está pasando a la persona y para qué está en esa situación.

El Análisis Transaccional

«Conocer bien a los otros es inteligente, conocerse bien a sí mismo, es sabiduría».

Albert Einstein

El Análisis Transaccional (AT) proporciona un método racional para analizar y comprender el comportamiento humano, aumentar la asertividad en la comunicación, reconocer las áreas de mejora, integrarlas y desarrollar la Autoestima. El AT considera que cada ser humano tiene el poder para dirigir su propia vida, tomar decisiones, desarrollar su propio código ético, contribuir a mejorar la vida de los demás y para llegar a ser la mejor versión de sí mismo mediante su éxito personal.

El coach dispone de un mapa en su imaginación para relacionarse con su cliente: de Adulto a Adulto cuando los dos están haciendo el inventario de los puntos fuertes y de los obstáculos que pueden encontrar. El coach se vale de preguntas que van dirigidas a identificar áreas de la conducta del cliente que necesitan mejorar. Si comprueba que el cliente ve irrealizable llegar a donde se propone, entonces se relaciona con él como un Padre Nutritivo con un Niño Libre. Y pasan a relacionarse como dos Niños Libres cuando se alegran con los avances del cliente. Lo importante es que se relacionen desde una Posición existencial de *«Yo estoy bien, Tú estás bien»*.

«Yo estoy bien, tú estás bien» es más que una frase de Eric Berne, creador inicial del Análisis Transaccional, es una teoría que considera que las personas están bien por naturaleza, siendo la programación posterior en la infancia lo que crea las neurosis y trastornos psicológicos de diversa índole.

Desde la posición de *«Yo estoy bien, tú estás bien»*, las personas podemos establecer relaciones emocionalmente sanas y equilibradas, según la teoría de Berne. Se trata de una tesis totalmente revolucionaria en cuanto a la psiquiatría y psicología tradicional, que considera a las personas como «enfermos», pacientes a los que hay que tratar y curar, debido a que los humanos son débiles y «enfermos por naturaleza».

En cambio, la tesis de Berne considera que son las circunstancias externas las que condicionan que la persona enferme o se trastorne, ya sea debido a la educación, la sociedad, los padres, etc. De esta idea nace el famoso aforismo de Berne:

«Las personas nacen príncipes y princesas hasta que sus padres los convierten en ranas».

La psicología de Berne deja de echar la culpa a la persona por sus problemas y trastornos, elevando a la persona a la categoría de ser completo e inteligente, cuya actitud es fundamental para su curación. No es pues el psicólogo el que cura al paciente, sino que es uno mismo quien participa en su curación, siendo el psicólogo o coach un canal para la «sanación» de la persona a través de la toma de consciencia de su situación y su habilidad para encontrar la manera de solucionar sus propios problemas.

La clave de esta tesis de Berne es que internamente las personas no tienen ningún problema innato, sino que el origen de los conflictos o trastornos está en las transacciones que se dan entre los individuos, cuyas causas tienen origen en «influencias opresivas externas», debidas a la vida en la sociedad, con sus normas, prejuicios, rigideces e imposiciones.

Retomando la frase *«Yo estoy bien, tú estás bien»*, las personas se vuelven infelices y menoscaban sus relaciones cuando cambian el centro que supone esa frase a una de estas otras: *«Yo estoy bien, tú no estás bien»*, *«Yo no estoy bien, tú estás bien»* o *«Yo no estoy bien, tú no estás bien»*.

La teoría de los **guiones de vida** de Berne en que las personas viven vidas predeterminadas, es una de las aportaciones más importantes de su Análisis Transaccional, basado en las compulsiones o comportamientos repetitivos aprendidos desde la infancia. Como las personas somos influenciadas desde nuestra niñez, perdemos el centro auténtico del «*Yo estoy bien, tú estás bien*», lo que conlleva que nuestro guión de vida se predetermine desde una posición que imposibilita que salga nuestro máximo potencial.

Como la psicoterapia tradicional considera frecuentemente que el problema de la persona está dentro de ella, y no fuera, y que es incapaz de controlar ni comprender sus trastornos, muchas personas son reacias al tratamiento psicoterapéutico y rehúyen todo lo que tiene que ver con la psicología. No es de extrañar, cuando el caso es que hay personas que no tienen ningún problema interno, sino que sus trastornos son consecuencia de las transacciones originadas en las relaciones con otras personas, cuando estas transacciones no suceden con autenticidad y positividad, sino como consecuencia del contexto social y cultural que les ha tocado vivir.

Sin duda «*Yo estoy bien, tú estás bien*» es la actitud que de entrada posibilita el éxito en las relaciones, en el sentido de tener en cuenta que en esencia todos estamos bien. Por supuesto, no hay que olvidar que las influencias del exterior producen trastornos en el comportamiento y las acciones de las personas, lo cual nos hace ver que, aunque las personas estarían bien por naturaleza, no lo están siempre debido a la vida en la civilización.

Por otra parte, durante el proceso puede salir que el cliente esté necesitado de caricias sociales o harto de que se las den por lo que tiene, no por lo que es. El coach transaccional contribuye a que el cliente recupere el equilibrio personal y siga creciendo.

Gracias a la ayuda del facilitador o coach, el cliente puede darse cuenta de que su guión de vida es erróneo e, incluso, destructivo y decidir que quiere seguir un Proyecto de Vida más positivo. Es decir, puede optar por cambiar nada menos que el sentido de su vida. El Coaching resulta muy útil para quienes han perdido el sentido de su vida, siendo retados a que durante el proceso lo encuentren.

El Análisis Transaccional nos explica la importancia del guión de vida en nuestro desarrollo personal, felicidad y proyecto de vida. Lo que le ocurre a una persona y los roles que toma son producto de un guión de vida cuyo origen está en la infancia. La programación del guión de vida se origina desde que somos niños mediante transacciones que se desarrollan con nuestros padres y educadores. A medida que uno va creciendo va aprendiendo a desempeñar un papel que queda programado en nuestra mente a raíz de esas transacciones, que finalmente pueden marcar nuestro destino.

No obstante, en Coaching creemos en la posibilidad de cambio, y como aseguró George Eliot:

«Nunca es tarde para ser lo que uno hubiera podido ser».

Un guión psicológico se detalla con el **análisis de las transacciones** (Análisis Transaccional) que se dan entre individuos mediante el cual se observan las relaciones que se establece con uno mismo y con los demás. Una programación de la mente errónea lleva al fracaso personal, por creencias limitantes que coartan la libertad de una persona para hacer lo que necesita hacer para ser feliz, no según lo que la sociedad u otras personas dicen que significa ser feliz, sino bajo su propio prisma de lo que es para él o ella la felicidad.

Así como el Análisis Transaccional nos ofrece una interpretación psicológica de por qué actuamos como actuamos en lugar de otra manera, el Coaching nos sirve para reflexionar sobre esos argumentos de vida que nos creamos en la mente y nos limitan continuamente para conseguir lo que deseamos en la vida. Muchos de nuestros objetivos vitales jamás se harán realidad si no somos capaces de detectar argumentos erróneos, destructivos e improductivos. Con el Coaching existe la posibilidad de tomar consciencia de ellos y empezar a cambiarlos por otros argumentos más acordes con nuestros objetivos:

«El éxito no es el resultado de una combustión espontánea. Tú tienes que encenderte primero». - Fred Shero

El argumento de vida a veces es inconsciente pero de alguna forma existe siempre. La importancia del Coaching radica en descubrir bajo qué argumento de vida actuamos y tomar posteriormente una decisión de si ese argumento es el que realmente deseamos para nosotros. El Coaching nos lleva a pensar sobre lo que queremos de verdad de la vida, encontrar nuestro propio sentido de vida y diseñar nuestro proyecto de vida como deseemos.

El objetivo final para el AT es alcanzar la autonomía para poder decidir por uno mismo lo que quiere hacer con su vida, y reescribir su guión de vida. Este análisis es una herramienta muy interesante para un coach, ya que únicamente partiendo de la autonomía personal, un individuo puede alcanzar su máximo potencial y desarrollar todas sus capacidades.

El talento de una persona no sale a relucir cuando se actúa según un guión de vida impuesto o programado al margen de nuestra voluntad. Entonces acostumbra a suceder que el papel que nos ha tocado desempeñar no se adecúa a lo que mejor sabemos hacer y vivimos según un guión de vida que nos hace infelices. Afortunadamente, la filosofía del Análisis Transaccional parte de la premisa de que todo ser humano es esencialmente positivo y tiene un potencial a desarrollar.

Por lo tanto, una persona que toma el papel que mejor sabe

hacer y escribe su propio guión de vida puede tener éxito en la vida, en su vida, igual que un actor puede «lucirse» mejor en un buen papel, que se adecúa mejor a sus talentos y habilidades, sobre todo si tiene la oportunidad de ser además el protagonista. Una persona no puede ser el protagonista de su vida si no crea por sí mismo o con ayuda de un coach un propio guión de vida, mediante el cual pueda hacer uso de sus talentos:

«El éxito es la utilización máxima de la habilidad que tienes». - Zig Ziglar (*Pequeño Libro De Instrucciones Del Éxito*)

Finalmente, podemos optar por dejar ser un mero personaje secundario para convertirnos en el protagonista de nuestra vida, con un papel estrella, digno de un Óscar, por una actuación estelar, no según los ojos y juicios de otros, sino bajo nuestra mirada orgullosa de realizar en la vida lo que llevamos dentro, lo que constituye nuestra esencia y hace posible que se realicen nuestras aspiraciones y sueños:

«Todos tus sueños pueden hacerse realidad si tienes el coraje de perseguirlos». - Walt Disney

Fue el psicólogo argentino Roberto Kertész quien agrupó y presentó el modelo de los 10 instrumentos del Análisis Transaccional, desarrollado por Eric Berne. Los 10 instrumentos propuestos son:

1.- *Análisis estructural*: Padre, Adulto y Niño (PAN). ¿Qué actúa en mí? Es la fase intrapersonal del AT. El estado del Yo es «un sistema de emociones y pensamientos acompañado de un conjunto afín de patrones de conducta».

2.- *Análisis de las transacciones*: ¿Qué comunicación establezco con los demás? ¿Qué parte de nuestra personalidad predomina para comunicarnos con los demás? En las relaciones interpersonales, la unidad de medida es la Transacción, al entenderlas, la gente puede tener un control consciente de cómo un individuo opera con otro. Cada transacción está hecha de un estímulo y una respuesta y las transacciones pueden proceder desde el Padre, Adulto o Niño de una persona, hacia el Padre, Adulto o Niño de la otra persona.

3.- *Las Caricias*: ¿Qué doy y qué busco en los otros? Se trata de hacer consciente la importancia del reconocimiento, el contacto físico, verbal y de otros tipos.

4.- *Posición existencial*: Cómo me veo (percibo) y cómo veo a los demás. Básicamente es tener una posición realista, estar más o menos bien, en el presente, el aquí y el ahora, o bien sobreactuar en la vida, pasar de estar eufórico o deprimido al otro extremo, postergar las cosas, porque se vive en «el allá y el entonces».

5.- *Estructuración del tiempo*: Qué hago con mi tiempo. ¿Cómo ocupo mi vida?

6.- *Juegos psicológico*s: El impactante descubrimiento de Berne son las secuencias de transacciones inadecuadas que repetimos a lo largo de nuestra vida y que termina con frustración para las dos partes. Se relaciona habitualmente con el conocido Triángulo Víctima-Perseguidor-Salvador.

7.- *Emociones auténticas y sustitutas* («*rebusques*»): Son los componentes emocionales de nuestra conducta. Ejemplo de rebusque: Hay personas que empiezan a acumular sentimientos negativos para poder después justificar un divorcio.

8.- *Argumento de vida*: ¿Quién me arrastra a actuar siempre así? La formación de nuestro «guión» de vida en la infancia, nuestra «programación» inconsciente, contrapuesto con la posibilidad de adquirir autonomía en nuestras propias decisiones. Cambiar el plan de vida es uno de los objetivos del AT. El comportamiento disfuncional es el resultado de decisiones autolimitantes tomadas en la infancia por necesidad, tanto de interpretar una situación como de sobrevivir. Tales decisiones culminan en el argumento o plan, que es el plano preconsciente de vida con el que vamos por la vida. Cambiarlo siendo adultos, ese es el reto.

9.- *Miniargumento*: Una secuencia repetitiva de conductas individuales, a partir de ideas erróneas, socialmente aceptables. Son los melodramas de la vida diaria. Muchas personas, según el entorno socio-cultural, son «programadas» a vivir la vida de una manera preestablecida. Ejemplo: la vida va de mal en peor, nunca me divierto, siempre estoy en deuda, me hago cargo de los demás (relegándome a mí mismo).

10.- *Dinámica de grupos*: Son las interacciones en una estructura de grupos pequeños y sus etapas de desarrollo. Cuando, por ejemplo, logramos un nuevo trabajo y nos incorporamos en una organización o a un grupo de trabajo, nuestra interacción va a provenir de nuestra posición, rol o tipo de adaptación que desarrollamos en nuestra infancia, con predominio del nivel emocional. El *coaching transaccional* nos ayuda a tomar conciencia de nuestras interacciones y nos facilita el cambio hacia otro tipo de interacciones más adecuadas a nuestros objetivos, y lo hace a través de un trabajo personal, mediante las sesiones de coaching.

El Eneagrama

«El primer paso para el cambio es concienciación, el segundo es aceptación».

Nathaniel Branden

El Eneagrama es un modelo de **estilos de personalidad**, que identifica 9 diferentes pero interrelacionados estilos basados en estrategias preferidas, o maneras de interaccionar con el mundo que nos rodea. Partiendo del Eneagrama, se puede hacer un coaching más personalizado al coachee, según su eneatipo o estilo de personalidad dominante, que marca así una forma diferente de abordar los problemas y acercarse a la consecución de los objetivos fijados.

Desde la perspectiva del Eneagrama, cada ser humano es único y diferente, pero todos nacemos a partir de una energía común, que se materializa mediante nueve cualidades o virtudes inherentes a nuestra naturaleza: serenidad, humildad, autenticidad, ecuanimidad, desapego, coraje, sobriedad, inocencia y acción consciente.

Aunque estos nueve rasgos innatos están presentes en cada uno de nosotros, se ha demostrado que solo uno determina nuestra esencia personal, también llamada «yo verdadero». Esta esencia es la semilla a partir de la cual podemos llegar a ser «la flor» que somos en potencia. Aquí es donde el Eneagrama enlaza con el Coaching, ya que esa esencia personal es lo que permite conectar con el potencial personal de cada uno. Si uno no acepta o reconoce esa cualidad en sí mismo, es difícil que pueda explotarla para desarrollar su potencial y ser su mejor versión.

Nuestra dificultad radica en el hecho de que durante nuestra infancia, la realidad se nos antoja amenazadora y hostil, por lo que empezamos a protegernos tras un escudo mental, también llamado personalidad, ego o falso yo. El Eneagrama describe cómo el *egocentrismo* tiene numerosas formas de manifestarse: en algunas personas es más activo y por tanto, más fácil de reconocer; en otras es más pasivo, por lo que suele ser más difícil percibirlo, pero no por ello menos dañino.

El Eneagrama es una poderosa herramienta de autoconocimiento que describe 9 tipos básicos de personalidad de la naturaleza humana y sus complejas interrelaciones. Es un modelo de exploración psicológico-espiritual para el desarrollo humano, que nos revela caminos para desarrollar nuestra conciencia, observar las dinámicas de nuestra Personalidad y liberarnos de los patrones que nos impiden crecer y desarrollar nuestro talento. Hay algunos temas que se exploran para cada tipo de personalidad del Eneagrama y que sirven para el Coaching:

lenguaje, mente, emociones, juicios, relaciones con otros y con uno mismo, patrones de infancia, deseos y miedos inconscientes, actitudes y comportamientos, puntos ciegos y estilos de comunicación.

El Eneagrama es un poderoso mapa de los Tipos de Personalidad que nos sirve para el Coaching, ya que nos permite observar ciertas actitudes y comportamientos de las personas, podemos poner a su disposición una serie de motivaciones inconscientes, detectar creencias limitantes para poder cambiarlas, y sirve para la toma de consciencia de temores irracionales, con el fin de así evitar el sufrimiento.

Por otro lado, cuando pasamos por una situación de estrés prolongada, que nos produce angustia y desequilibrio emocional, tendemos a descentrarnos, adoptando patrones de conducta negativos de otro tipo de personalidad. Por ello, el Eneagrama habla de «*recuperar nuestro centro*», a partir del cual poder volver al estado de paz interior y estabilidad emocional.

Los nueve tipos de personalidad están clasificados en tres tríadas dependiendo donde esté su centro vital dominante, que es la zona del cuerpo de donde surge la primera reacción automática del ego:

- *Tríada emocional* (corazón): que lleva a la persona a sentirse dolida o a lamentarse por lo sucedido.

- *Tríada intelectual* (cabeza) que genera que la persona sienta miedo o piense sobre lo que ha sucedido.

- *Tríada visceral* (vientre): que provoca que la persona se sienta agredida y se ponga a la defensiva.

Para consultar los diferentes tipos de personalidad, los nueve eneatipos, recomiendo este enlace, con una descripción de cada uno: eneagramaycoaching.com

Así bien, es lógico adelantar que un conocimiento del

Eneagrama provee al coach con una poderosa herramienta psicológica de conocimiento del coachee, y como de hecho tratamos con la persona por encima de cualquier otra cosa, nada más útil que abordar cómo es la personalidad de un cliente de cara a planificar posteriormente las acciones a realizar, los pasos a dar, las decisiones a tomar, que el proceso de coaching requerirá.

La comprensión del coachee es fundamental ya que una de las habilidades de un coach es la **empatía**, y ello es efectivamente más probable cuando se tiene una imagen clara de nuestro cliente a través del tipo de personalidad que posee. Además la aplicación del Eneagrama permite ayudar al coachee a tomar consciencia, descubrir sus creencias y el filtro con el que percibe la realidad para que así pueda superar sus miedos e incrementar su autoconfianza, para de esta manera poder tomar decisiones respecto a su vida personal o a nivel profesional.

«Hasta que lo inconsciente no se haga consciente, el subconsciente seguirá dirigiendo tu vida y tú lo llamarás destino».

- Carl Jung

8

ERRORES A EVITAR Y RECOMENDACIONES

¿Cuáles son los errores más frecuentes del coach?

«La grandeza radica no en ser fuerte sino en el correcto uso de la fuerza».

Henry Ward Beecher

Es bastante frecuente que se cometan errores en los procesos de coaching cuando la persona que lo hace no está formada adecuadamente. Por supuesto, todos somos humanos e incluso estando preparados nos podemos equivocar. Tratar con personas no es fácil y nuestra tarea de guiarlas es compleja. Tenemos que aceptar que es posible que no siempre actuemos de la mejor forma, pero también tenemos la obligación profesional de tratar de minimizar los errores y los riesgos para con nuestros clientes. Por ello es fundamental evitar cometer los siguientes errores:

1. *Dar «coaching» cuando lo que necesita el cliente es otra cosa*: formación, asesoría, mentoring, terapia, etc.

2. *No definir claramente las normas del proceso*: duración de las sesiones, estructura de las sesiones, dónde realizar las sesiones, cada cuánto hacer las sesiones, concretar las tarifas y la forma de

pago, etc.

3. *Intentar dirigir al coachee* hacia a algún objetivo, no dejarle expresar lo que en realidad quiere decir, orientar las preguntas hacia una respuesta concreta, orientar las preguntas hacia el pasado en lugar de hacia el futuro.

4. *Definir incorrectamente el objetivo general* a conseguir en el proceso o incluso no definirlo claramente. Se trata de un grave error que corre el peligro de dinamitar todo el proceso si no se le pone remedio cuanto antes. Para formular el objetivo, hay que tener en cuenta todos los requisitos expuestos en el capítulo sobre la formulación de objetivos.

5. *Interrumpir a menudo*, no dejar que el cliente se exprese sin agobios e interrupciones constantes. Las interrupciones impiden que la persona se desinhiba y exprese lo que quiere decir y lo que siente. Hay que dejar hablar la mayoría del tiempo al coachee, que es el protagonista de la sesión.

6. *Impaciencia por conseguir resultados o mejoras*. Es normal que un coach desee ver resultados favorables en la vida de su coachee conforme se suceden las sesiones, pero es conveniente tener paciencia, ya que los resultados o mejoras tienen su «tempo», y aparecen cuando toca, a veces antes y otras después.

7. *Dar demasiados consejos* o indicaciones no es apropiado en Coaching. El cliente tiene que encontrar sus propias respuestas y su propio camino. El coach es un guía sí, pero que solo lleva donde el coachee quiera ir, no donde el coach desee ir o piense que el coachee quiere ir.

8. *Crear dependencia del coachee*. El proceso de coaching es limitado en el tiempo. Se hacen unas sesiones y se acaba. Un cliente puede volver a hacer otro proceso de coaching, que también tendría su fin. No conviene que el cliente sea dependiente en su vida del coach. Se trata de establecer una relación sana sin dependencia del coachee, pero tampoco del coach. Depender

demasiado de un solo cliente no facilita que el coach haga bien su trabajo, con total independencia, solo buscando el interés del coachee y no el suyo por intentar alargar el proceso innecesariamente.

9. *Emitir juicios*, ser intolerante, regañar, echar bronca, desvalorizar, discriminar, etc. No son aceptables.

10. *Falta de confidencialidad* y discreción. El proceso de coaching debe ser totalmente confidencial, y no se pueden cometer ningún tipo de indiscreciones. La confianza en el proceso de coaching se basa en ello y los códigos éticos de las asociaciones de coaches profesionales obligan además a cumplir esta norma de obligado cumplimiento.

11. *Informalidad e impuntualidad*. Por regla general hay que cumplir con los compromisos y hacer lo que uno dice que va a hacer cuando se ha comprometido a hacerlo.

12. El coach no puede *incumplir sus propias directrices y valores*, ya que perdería toda su credibilidad y no podría ser ejemplo de confianza para el coachee. Uno tiene que ser fiel a sus valores y actuar consecuentemente.

13. *Humildad, que no sumisión*. Un coach es capaz de reconocer sus errores y de admitir cuando el cliente tiene razón y él no. El orgullo del coach y su arrogancia no debe perjudicar el desarrollo personal del cliente. Eso sí, en ningún caso el coach debe pasarse al extremo de ser sumiso con todo lo que le diga el cliente. Cuando el coach no esté de acuerdo con algo, no tiene por qué asentir innecesariamente solo por complacer al cliente. Tampoco debe permitir la falta de respeto del cliente, ya sea verbal, comportamiento, económica, etc.

Como explica Allan Percy en la obra *El Coaching de Oscar Wilde,* quiénes no aprenden de sus errores se estancan y no logran avanzar porque:

«Para desarrollar nuestras capacidades la clave es sintetizar y pasar a limpio la lección de lo que nos sucede, y seguir adelante».

¿Existen pautas para tener éxito?

«Todas las cosas son imposibles, mientras lo parecen».

Concepción Arenal

Esta frase es muy poderosa, porque nos anima a intentar lo que deseamos con pasión, aunque parezca difícil conseguirlo. La clave es que confíes en ti y en tu habilidad para cambiar las cosas y crear el futuro que deseas. Claro está que unas sugerencias para comenzar el camino siempre van bien, por lo cual aquí van unas cuantas que pueden ayudarte para adentrarte con buen pie en el apasionante mundo del Coaching:

1. *Crea tu marca personal*

La marca personal es la imagen que tienen los demás de nosotros. Actualmente, la marca personal aporta un enorme valor profesional y es lo que más te puede ayudar a conseguir clientes. La marca personal es la huella que dejas a tu paso por la cual los demás reconocen tus valores, capacidades y experiencias. A pesar de que pienses que eres un excelente profesional con enormes competencias, si otras personas no se dan cuenta o no te conocen, no es factible que te contraten.

La clave es destacar para conseguir más oportunidades laborales. Cuando los demás saben que estás ahí, qué es lo que haces, cómo lo haces, qué resultados vas consiguiendo o has conseguido ya, o qué es lo que buscas y realmente quieres, entonces te considerarán.

2. *Diseña un blog o web*

Escribir en un blog es una de las estrategias que más ayudan a darse a conocer. De esta forma los demás conocen cómo te expresas, qué puntos de vista tienes, cuáles son tus formas de enfocar los temas, etc. Es interesante escribir posts de vez en cuando, aunque no seas escritor, y se te dé mejor o peor escribir. Puedes ir perfeccionándote poco a poco. No es necesario que tengas que escribir en tu propio blog pero sí es recomendable que lo hagas.

Si decididamente, escribir no es lo tuyo, y de entrada sabes que lo más probable es que no escribas con regularidad, entonces puedes optar por una web en lugar de un blog. Mediante la web te puedes dar a conocer y una vez creada ya no da tanto trabajo como un blog. E igualmente puedes escribir cuando te apetezca para otros blogs como autor invitado.

3. *Asiste a eventos, networking, conferencias, etc.*

Los contactos que se pueden hacer en eventos y conferencias pueden convertirse en colegas, con los cuales colaborar y obtener sinergias. También es posible encontrar potenciales clientes en estos lugares.

Por lo tanto, selecciona aquellos eventos que detectes te pueden ser de mayor utilidad para tus propósitos. No te quedará más remedio que elegir porque no podrás a ir a todos y demasiados te pueden distraer de otras tareas que necesitas hacer.

4. *Formación continua*

Es importante que sigas aprendiendo continuamente técnicas o herramientas que puedan ayudarte a acompañar a tus clientes y ofrecerles mayor valor añadido. El aprendizaje continuo y el crecimiento personal propio es también valor para transferir a tus clientes, favoreciendo que tengas éxito en tu proyecto.

5. *Interacción en redes sociales*

Las redes sociales son un espacio muy interesante y útil para darse a conocer y ofrecer tus productos y servicios. Quizá puede costar más ganarse la confianza de tus clientes debido al entorno virtual que no ofrece ese nivel íntimo de la interacción física. Sin embargo, puedes llegar a muchas más personas, y aunque se tarde por ello más tiempo que a nivel presencial, los resultados acaban siendo muy positivos conforme tu marca personal en las redes sociales se va haciendo más potente, creíble y confiable.

6. *Pasión, paciencia y perseverancia*

La moda del Coaching ha dado a conocer esta disciplina pero no está exenta lamentablemente de confusión. Siendo una profesión que se considera en crecimiento, hay *voces* que dan a entender, quizá de forma interesada o quizá no, que es una oportunidad única de dedicarte a un trabajo «chollo». Sin embargo, la profesión de coach no es para nada un «chollo», sino que aporta realización profesional a quien comparte la filosofía del Coaching y desea ayudar a otros a alcanzar sus metas.

El trato con personas es muy complejo y es casi inevitable que surjan temas de índole personal y emocional en las sesiones. En consecuencia, hay que tener tacto y fortaleza interior para saber llevar momentos tensos y delicados. Cierto es que el Coaching no es Psicología, pero el trato humano es el mismo y al fin y al cabo se está tratando con la vida de personas. Además, ya hemos señalado que el Coaching comparte muchos postulados de la Psicología Humanista, y que el Coaching es más que una metodología.

En el mundo del Coaching hay tres ingredientes que necesitas: pasión por tu profesión, paciencia para cosechar resultados y perseverancia para luchar por tus objetivos. Por lo tanto, la idea de que ser coach solo implica escuchar un rato al cliente y luego tienes todo el día tiempo libre no es en general cierta. Un coach necesita de trabajo de promoción, de escribir en blogs, de relacionarse en eventos, interaccionar en las redes sociales, contestar llamadas y emails de clientes y posibles clientes, etc. En realidad, se requiere mucho trabajo. Por consiguiente, hay que estar motivado y tener pasión por lo que se hace. De otra forma, no sería más que un trabajo más, y difícilmente se podrían lograr buenos resultados.

Por lo tanto, ser coach implica un trabajo, pero no solo eso, sino que además, ser coach implica ser coherente con tus valores y dar ejemplo de lo que propugnas. Ser coach no es solo un ratito, sino que de alguna forma lo eres prácticamente todo el tiempo o no lo eres.

7. *Especialízate*

Ser coach es algo muy genérico, y la clave está en especializarte y crear tu marca personal. Como hemos visto a lo largo de este texto, hay diferentes tipos de coaching, así que escoge el más acorde contigo. Al especializarte puedes dirigirte a un nicho de mercado si lo sabes detectar o esperar a encontrarlo, pero con la mente enfocada en que algún día tendrás que definirlo: un perfil de tu cliente tipo, o sea quien compra tus servicios, con unas necesidades concretas por satisfacer y que tú le puedas ayudar en ello.

Tu pasión puede vencer todos los obstáculos, así que cree en ti y en tu potencial y lograrás lo que te propongas, en este caso, ser un coach profesional de primera. Gracias por confiar en esta lectura para conocer mejor el mundo del Coaching, y sobre todo, no dejes de aprender, ni caer en la autocomplacencia de creer que ya lo sabes todo. Es mejor para tu crecimiento personal seguir la humilde declaración de Sócrates:

«*Solo sé que no sé nada*».

O también considerar la esencia del Coaching descrita por el filósofo:

«No puedo enseñaros nada, solamente puedo ayudaros a buscar el conocimiento dentro de vosotros mismo, lo cual es mucho mejor que traspasaros mi poca sabiduría».

EPÍLOGO

«La perfección no es cuando no hay nada más que agregar, sino cuando no hay nada más que quitar».

Esta famosa cita pertenece a la obra de Antoine de Saint-Exupéry y se refiere a la simplicidad. Es por ello que espero que este manual cumpla la función que tiene de informar sobre el Coaching de forma sencilla, con todo lo necesario para hacerse una idea, pero sin llegar a ser una lectura pesada o farragosa.

Nunca olvides que podemos guiar a los demás, pero nada más, porque el mayor poder que tenemos es sobre nosotros mismos. Solo podemos influir verdaderamente en cambiar nosotros, aunque sí que podemos ser un canal para facilitar el cambio de otros si así lo desean, pero siempre serán ellos los responsables de ese proceso de cambio propio:

«Nunca subestime el poder de cambiarse a sí mismo. Nunca sobrestime el poder de cambiar a los demás (del libro Pequeño instructivo para la vida)». - H. Jackson Brown, Jr.

El Coaching tiene su sentido si es para el fin positivo de hacer que aún merezca más la pena la vida de alguien, cuando a través del proceso una persona descubre y desarrolla una mejor manera de vivir su vida. Lo que pretendemos es que alguien se marque sus propios objetivos para conseguir la felicidad según sus valores. Ello solo es posible si alguien está dispuesto a explorar fuera de la *zona de confort* para sacarle fruto a la vida. *Henry David Thoreau* describía así la importancia de VIVIR el fugaz instante de la vida:

«Me interné en los bosques porque quería vivir intensamente; quería sacarle el jugo a la vida. Desterrar todo lo que no fuese vida, para así, no descubrir en el instante de mi muerte que no había vivido».

Estar motivado por lo que se quiere lograr es el motor para moverse fuera de la *zona de confort* y entrar en la zona de potencialidad, donde es posible cumplir nuestros sueños. El Coaching no se circunscribe al terreno de la motivación, porque además de facilitar el entusiasmo por lo que se hace, nos ayuda a establecer pasos y estrategias para alcanzar nuestras metas. Por otra parte, el Coaching es clave para el autoconocimiento y tomar consciencia de lo que podemos llegar a ser capaces de hacer si nos lo proponemos con firmeza. Es Henry Ford quien nos insta a creer en nosotros mismos para lograr lo que deseamos:

«Tanto si crees que puedes hacerlo, como si no, en los dos casos tienes razón».

La seguridad en uno mismo es el factor que determina que alguien tome riesgos y se atreva a esperar más de la vida. Afrontar los miedos y ponerse manos a la obra en lo que uno quiere requiere coraje, pero no hay otro camino al éxito.

Una de las famosas citas de Oscar Wilde hace referencia al papel permanente que tiene la Autoestima en la vida de una persona:

«Amarse a sí mismo es el comienzo de una aventura que dura toda la vida».

Es un trabajo, el de aceptarse y amarse a uno mismo, que requiere de toda una vida, porque no es una tarea puntual, sino una forma de vida. Es habituarse a cuidarse a uno mismo siempre, a respetarse y a procurar su felicidad, sin esperar que sean otros quienes lo tengan que hacer. Desde luego, el Coaching es la disciplina por excelencia que antes que la misma persona, ya cree en ella y en su potencial para cambiar y conseguir lo que quiere.

Las personas con las que me he relacionado y he acompañado en sesiones de coaching han empezado su proceso antes permitiéndose creer que mejorar su vida es posible, y que debe haber una forma de hacerlo más sencilla y rápida con un coach. Sin darse cuenta, lo hacemos todos cada vez que tomamos una decisión para cambiar algo de nuestra vida. Es decir, nos atrevemos a mover algo de nuestra vida porque confiamos en que seremos capaces de soportar la pérdida de lo que ya no será, apostando por lo que sí será.

Es parte del adulto asumir el duelo por lo que ya no puede ser y esa aceptación lo lleva a vivir una vida auténtica, caracterizada por el enfoque en lo que quiere y puede ser en el presente y el futuro.

Y no solo tenemos que hacer frente al duelo o la pérdida por lo que ya no será, sino que, como dice Nancy Levin en *Jump... and your life will appear (Lánzate... y tu vida ocurrirá)*:

«Life is like a video game - the reward for winning one level is an even harder level». (La vida es como un video juego, y la recompensa por ganar en un nivel es pasar a un nivel incluso más difícil)

Claro, lo que sucede es que ampliamos nuestra zona de movimiento y exploramos una vida más rica, enfrentándonos a nuevos temores y creciendo a medida que sorteamos los obstáculos. Cada vez estamos en un nivel superior, más difícil, pero cada uno de nosotros también está más capacitado a medida que progresa, por lo que está entrenado para superar ese nivel más difícil. Además, cada vez se hace con más comodidad, flexibilidad y adaptación al cambio. Podríamos decir que el aprendizaje y el cambio nos automotivan y nos acostumbramos a que estén presentes en nuestra vida, porque tener un solo propósito que nos apasione es suficiente para que uno sea feliz:

«He aprendido que estar con aquello que me gusta es suficiente».

-Walt Whitman

LECTURAS RECOMENDADAS

Allan Percy, *El Coaching de Oscar Wilde*, Random House Mondadori, 2011.

Arnie Warren, *Los Tres Pasos*, Ediciones Urano, 2002.

Barbara Berckhan, *Haz Realidad tus Deseos de una vez por todas*, RBA, 2010.

Coaching Madrid, *Estudios de mercado*, http://www.coachingmadrid.com, 2011.

Fiona Harrold, *Coaching en 10 minutos*, Ediciones Obelisco, 2008.

Gordon Muller, *Superación Personal*, Edicomunicación, 1992.

Juan Carlos Cubeiro, *Por qué necesitas un Coach*, Alienta Editorial (Grupo Planeta), 2011.

Harvard Business Review, *What Can Coaches Do For You*, https://hbr.org, 2009.

Louise L. Hay, *El Poder está dentro de ti*, Ediciones Urano, 1991.

Nancy Levin, *Jump... and your life will appear*, Hay House, 2014.

Napoleon Hill, *Piense y hágase rico*, Random House Mondadori, 1990.

Susan Jeffers, *Aunque tenga miedo hágalo igual*, Swing, 2007.

Vicens Olivé, *PNL & Coaching*, Ridgen Institut Gestalt, 2011.

DEDICATORIA

Muy agradecido con todos los que van confiando en cada uno de mis libros. Todas esas personas son las que me dan ánimos nuevos para escribir y publicar una nueva obra. Mi ilusión de escribir y dar a conocer un nuevo libro no sería la misma sin todos ellos.

Es por este motivo que deseo dedicar especialmente este libro a todos mis lectores de mis obras. Este libro os lo dedico a vosotros/as porque hacéis posible que se ilumine mi alma escritora cuando sé de vuestro agrado por lo que transmito y muestro a través de mis textos.

Conozco casos de personas que redescubren su pasión por leer a través de mis obras, y para mí es un honor que vuelvan a tener interés por la lectura, sabiendo que muchos perdieron el hábito hace tiempo.

Es mi deseo seguir haciéndolo e incluso hacerlo mejor para dar a mis lectores lo mejor de mí a través de lo que escribo. Ese es mi reto y en eso me empleo cada día, con todo lo que hago, porque sé que todo lo que voy aprendiendo en la vida, al final, un día u otro, configurará una parte o un todo de una nueva obra.

¡Un fuerte abrazo y hasta pronto!

SOBRE EL AUTOR

Manuel Mata es el autor de «*Supera tus miedos y alcanza tus sueños*», «*¡Reinvéntate! Guía para cambiar tu vida profesional*», y «*Diario de un infortunio*», todas ellas obras relacionadas con la autoayuda y la superación personal. Colabora como **redactor** en diferentes blogs de Desarrollo personal y Coaching. Ayuda a las personas a construir un futuro profesional exitoso, a través de facilitarles que superen miedos y obstáculos, a la vez que las acompaña para que encuentren el camino que las lleve a alcanzar sus sueños. Lo hace a través de procesos de coaching, como formador o conferenciante.

Manuel Mata es **coach certificado** por TISOC (programa avalado por la IAC) y es miembro de la asociación de coaches profesionales *Coachville*. Es experto en Coaching de Desarrollo de Carrera y Transiciones laborales, Coaching Ejecutivo y Coaching Personal. Su formación incluye: Coaching Career Transitions por *Coach Training Alliance*, Formador de Formadores por la *Universidad Antonio de Nebrija*, Formador Ocupacional por la

Escuela Europea de Negocios *INESEM*, Gestión Integral de Recursos Humanos por *IFI*, Licenciatura en Administración y Dirección de Empresas por la *Universidad Autónoma de Barcelona* y Máster MBA por *INESEM*.

Manuel Mata reside actualmente en Sabadell (Barcelona) y es Director de *TuCoach.eu*, Consultor de Recursos Humanos en *TalentoDirect.com* y Consultor de Formación en *Alcatraz Solutions*.

www.ingramcontent.com/pod-product-compliance
Lightning Source LLC
Chambersburg PA
CBHW072304200526
45168CB00014B/380